Heinrichs des Glichezares
Reinhart Fuchs

Herausgegeben

von

Georg Baesecke

Mit einem Beitrage

von

Karl Voretzsch

Halle (Saale)

Verlag von Max Niemeyer

1925

Druck von Karras, Kröber & Nietschmann, Halle (Saale)

Vorwort.

Nachdem in der vorliegenden arbeit die einleitung der ausgabe von Reißenberger (Altdt. Textbibl. 7[1] Halle 1886, [2]ebda. 1908) völlig neu gestaltet, der text anders beurteilt und unmittelbar aus den handschriften gewonnen war, entfielen für mich als nunmehrigen herausgeber pflicht und recht, den vorgänger auf dem titelblatt zu nennen. Vielmehr teile ich jetzt die verantwortung mit Karl Voretzsch: er hat freundnachbarlich den ersten teil der einleitung beigetragen, der sich nun mit der zum Reinke Vos (Altdt. Textbibl. 8[2], Halle 1925, s. VII—XXXI) zu einem gesamtüberblick über die tiersage und tierdichtung ergänzt.

Zu danken habe ich den vorständen der Landesbibliothek zu Kassel und der Universitätsbibliothek zu Heidelberg für die bereitwillige herleihung ihrer handschriften, den herren Christ, Winkler und Zwierzina für gütige hinweise und auskünfte.

So bin ich einigermaßen verändert zu der heiteren dichtung zurückgekehrt, an der mich vor nun 30 jahren mein alter lehrer Moriz Heyne zuerst ins mittelhochdeutsche einführte und die alten worte schmecken lehrte, und es ist mir auch, indem ich dankbar seiner gedenke, wehmütig zweifelhaft, ob ihm meine jetzige betätigung daran behaglicher gewesen wäre als die des hoffnungsbangen jünglings von damals.

Halle, 8. X. 1925.

Georg Baesecke.

Einleitung.

I.

Der Reinhart Fuchs (RF) ist das älteste tierepos deutscher sprache auf deutschem boden, volle dreihundert jahre älter als der niederdeutsche Reinke de vos und immer noch sechzig bis siebzig jahre früher verfaßt als der niederländische Reinaert. Was vor dem RF auf dem gebiete der tierdichtung im bereiche der deutschen sprache oder von Germanen überhaupt gedichtet worden ist, trägt fast ausschließlich das gewand der lateinischen sprache oder gehört, soweit es in deutscher sprache verfaßt ist, nicht der epischen, sondern der lehrhaften dichtgattung an. Der RF steht in engem zusammen- hang mit der französischen tierepik. Die entstehung des tierepos ist im mittelalter zu suchen. Aber viele fäden verbinden es mit älteren gattungen schriftlicher oder mündlicher überlieferung.[1]

[1] Übersicht über die frühere forschung bei: Léopold Sudre, Les sources du Roman de Renart, Paris 1893; Voretzsch, Preuß. Jahrb. 80 (1895) 417 ff., Einführung in das stud. der altfranz. literatur, Halle[3] 1925, s. 375 ff.; Karl Reißenberger, Reinhart Fuchs,[2] 1908, s. 1 ff.; Lucien Foulet, Le Roman de Renard (Bibl. Éc. Hautes-Ét., sciences hist. et phil. 211), Paris 1914, s. 1 ff.; Ulrich Leo, Die erste branche des Roman de Renart (Rom. Mus. 17), Greifswald 1918, s. 9 ff.; Walther Suchier, Archiv f. neu. spr. 143 (1922) 223 ff. Weitere literatur zur entstehung des tierepos s. Voretzsch, Altfr. lit.[3], Halle 1925, s. 381 f. — Alle tierepenforschung geht von Jacob Grimm aus oder muß zu ihm stellung nehmen: Reinhart Fuchs. Von Jacob Grimm, Berlin 1834. Die von ihm hier neben Reinhart und Reinaert veröffentlichten kleineren mhd. texte sind großen- teils noch nicht durch neue ausgaben ersetzt.

1.

Die beobachtung der tiere durch den menschen und seine innere anteilnahme an ihrem leben und treiben prägt sich dichterisch in den gattungen des tiermärchens, der tierfabel, des tierschwanks und des tierepos aus. Das tiermärchen gehört im wesentlichen der mündlichen überlieferung, die übrigen gattungen der geschriebenen literatur an. Indes sind tiermärchen schon sehr früh — z. b. bei den Indern — in der geschriebenen literatur verwertet worden. Eine reihe von einzelstoffen sind dem märchen und der fabel gemeinsam, so daß sich diese von jenem häufig nur durch die angefügte sittenlehre unterscheidet: das märchen will unterhalten, die fabel belehren. Märchen und fabel sind diejenigen gattungen, welche uns am frühesten in der literatur begegnen. Der tierschwank ist in der regel ein in verse umgesetztes tiermärchen, behandelt aber gelegentlich auch begebnisse zwischen mensch und tier ohne märchenhafte zutaten. Er tritt erst im mittelalter auf. Das tierepos ist in der antike im sinne des abendländischen tierepos überhaupt nicht vorhanden, Pantschatantra und Batrachomyomachia tragen einen anderen charakter. Es entsteht wie das heldenepos durch die epische ausgestaltung einer einzelnen erzählung oder durch die verknüpfung mehrerer erzählungen zu einem geschlossenen ganzen.

Merkwürdig ist, daß im Alten Testament weder tiermärchen noch tierfabeln zu finden sind. Die einzige fabel ist die von der wahl eines königs der bäume, welche Jotham den Sichemitern zu praktischer nutzanwendung erzählt (Buch der richter, kap. 9).

Hingegen sind bei den alten Indern märchen und fabeln in reichem maße vertreten[1]): einerseits in

---

[1]) Vgl. zum folgenden: Herm. Oldenberg, Die literatur des alten Indien, Stuttgart u. Berlin 1903; Moritz Winternitz, Geschichte der indischen literatur, 3 bände, Leipzig 1905 — 20 („Literaturen des ostens‘); Theodor Benfey, Pantschatantra übers. mit einl. u. anm., 2 bände, Leipzig 1859; Joh. Hertel, Das Pañcatantra, seine geschichte u. seine verbreitung, Leipzig und Berlin 1914.

den Jâtakageschichten, welche begebnisse aus früheren existenzen Buddhas (häufig in tiergestalt) erzählen, andrerseits in den großen sammelwerken erzählenden oder pädagogischen charakters, welche — wie das Pantscha-tantra, das Hitopadesha und Somadevas Kathasarit Sagara — märchen, fabeln, schwänke in großer menge aufgenommen haben. Das Pantschatantra ist trotz seiner rahmenerzählung kein epos, sondern ein lehrhaftes sammel-werk. Seine geschichte läßt sich bis etwa auf das jahr 300 n. Chr. zurück verfolgen. Aber die in ihm wieder-gegebenen erzählungen waren meist schon vorher vor-handen. Auch die buddhistischen Jâtakaerzählungen, die z. t. bis in das 3. jahrhundert v. Chr. hinaufreichen, sind großenteils vorbuddhistischen ursprungs. Die ähn-lichkeit mit unseren märchen ist überraschend (die erzählung, wie der specht dem löwen einen knochen aus dem halse zieht, begegnet bei uns von kranich und wolf, die von der katze, welche dem hahn schmeichelt um ihn in seine gewalt zu bekommen, von fuchs und hahn, wolf und gans und anderen tieren). Auch durch alte steinreliefs wird bewiesen, daß schon im 3. jahr-hundert v. Chr. märchen und fabeln in Indien vorhanden gewesen sind. Über den vorliterarischen ursprung eines großen teils dieser märchen und fabeln sind sich die indologen einig: „Lange bevor es größere erzählungs-werke in der indischen literatur gegeben hat, hat es allerlei märchen, schwänke und erzählungen gegeben, die von religiösen oder weltlichen lehrern zu lehrzwecken geeignet befunden wurden ... Märchen und erzählungen haben ja zu allen zeiten — in Indien wie anderswo — die stelle eingenommen, die in unserer zeit der so-genannten unterhaltungsliteratur zukommt".[1]

Nach dem abendland sind indische erzählungsstoffe auf literarischem wege erst spät gekommen: so das Pantschatantra durch persische, arabische, hebräische vermittlung erst um 1270 in der lateinischen übersetzung des Johannes von Capua (Directorium vitae humanae).

---

[1] S. Winternitz III, 267 und die dort angeführte literatur.

Wenn also vorher indische stoffe wie der gefärbte
schakal im abendlande auftauchen (der gelbgefärbte,
der schwarzgefärbte fuchs im Roman de Renart), so
müssen sie auf mündlichem wege dorthin gekommen
sein. Der 1106 zum christentum bekehrte, 1112 ver-
storbene spanische jude Petrus Alphonsi schöpft die
einzelstoffe seiner *Disciplina clericalis*[1]) (ins französische
als *Castoiement d'un pere a son fils* mehrfach übersetzt)
meist aus orientalischer überlieferung, bietet aber für
das tierepos nichts wesentliches (das XXIII. exemplum
von bauer, wolf und fuchs stammt augenscheinlich aus
nördlicher überlieferung und wird vom verfasser der
IX. Renartbranche ursprünglicher erzählt als von Petrus
Alphonsi).   Hingegen sind erzählungen orientalischen
ursprungs etwa seit der mitte des 12. jahrhunderts in
abendländische fabelsammlungen eingedrungen.

Neben den indischen märchen und fabeln erscheinen
die griechischen fabeln als die ältesten.[2]) Nicht
wenige stoffe stimmen mit indischen erzählungsstoffen
überein (das vom schakal-fuchs entwendete hirschherz,
löwe und maus u. a.). Es scheint, daß der größere teil
dieser stoffe von Indien nach Griechenland, ein kleinerer
teil den umgekehrten weg gewandert ist, doch bleibt
Vorderasien als gemeinsames ursprungsland für beide
literaturen offen.   Die bezeichnungen für die fabel —
$\alpha\tilde{\iota}\nu o\varsigma$, $\lambda\acute{o}\gamma o\varsigma$, $\mu\tilde{\upsilon}\vartheta o\varsigma$ —, die unterscheidung zwischen
$\lambda\acute{o}\gamma o\varsigma$ und $\grave{\epsilon}\pi\acute{\iota}\lambda o\gamma o\varsigma$, $\mu\tilde{\upsilon}\vartheta o\varsigma$ und $\grave{\epsilon}\pi\iota\mu\acute{\upsilon}\vartheta\iota o\nu$ scheinen
darauf hinzuweisen, daß auch hier der lehrhaften fabel
die reine, für die unterhaltung bestimmte erzählung
vorausgegangen ist.   „Somit sind diese märchen ur-

---

[1]) Ausgaben von Fr. Wilh. Val. Schmidt 1827, A. Hilka u.
Söderhjelm, Helsingfors 1911, Heidelberg (Sammlg. mlat. texte I)
1912.
[2]) Zu den griech. fabeln vgl. im allgemeinen Wilh. Christ,
Geschichte der griech. literatur (Iwan Müllers Handbuch VII),
neu bearb. v. Wilh. Schmid, 6 1912 ff., 3 bde., bes. I 189 ff., II
681 ff.   Über die beziehungen zwischen griechischen und
indischen fabeln vgl. Th. Benfey (s. oben) einleitung; Otto Keller,
IV. suppl.-band zu Fleckeisens Jahrbüchern (1861—67), s. 309 ff.,
332 ff.; Oldenberg s. 126; Winternitz III, 367 ff.

sprünglich nichts anderes als epische gruppierungen von
szenen aus dem tierleben, deren augenfällige analogie
mit dem menschlichen treiben noch phantastisch gesteigert
wird" (O. Keller s. 314). In manchen der äsopischen
fabeln steht die angehängte sittenlehre in sehr losem
zusammenhang mit der erzählung, und manche dieser
fabelstoffe begegnen in der volkstümlichen überlieferung
anderer völker als bloße märchen.[1] Da schon Hesiod
αἶνοι kennt, müssen solche erzählungen in Griechenland
schon vor 700 v. Chr. dagewesen sein. Äsop (Aisopos),
unter dessen namen die altgriechischen prosafabeln
bekannt sind, hat im 6. jahrhundert v. Chr. gelebt. Die
von ihm geformten prosafabeln wurden im altertum
mehrfach gesammelt, aber diese alten sammlungen sind
verloren gegangen. Erst aus dem mittelalter (11. jahr-
hundert) stammen die handschriftlichen sammlungen,
welche den neuen ausgaben der äsopischen fabeln zu-
grunde liegen. Hier finden sich eine reihe stoffe, welche
uns im abendlande als lehrhafte fabel oder epische
erzählung wieder begegnen: fuchs und rabe mit dem
käse; der kranke löwe und der schlaue fuchs, der nicht
in die höhle des löwen geht, weil alle fußspuren nur
hinein, aber nicht heraus führen; die heilung des kranken
löwen durch den von anderen tieren verleumdeten fuchs;
die überlistung des hirsches durch den fuchs zugunsten
des löwen und die entwendung des hirschherzens durch
jenen; die beuteteilung zwischen löwe, fuchs und wolf;
fuchs und bock im brunnen. Die älteste überlieferte
griechische fabelsammlung verdanken wir dem im 2. jahr-
hundert n. Chr. dichtenden Babrios, welcher vielleicht
eine ältere äsopische sammlung benutzt und gegen
anderthalb hundert fabeln in hinkjamben bearbeitet hat
(darunter die meisten der eben genannten fabeln).[2] Die

---

[1] Über die umformung von märchen zu fabeln vgl. A. Marx,
Griechische märchen von dankbaren tieren, Stuttgart 1889,
s. 131 ff. L. Sudre (s. oben) s. 13 ff. Vgl. auch O. Dähnhardt,
ZVVk. 17 (1907) 1 ff., 129 ff.

[2] Von ausgaben nenne ich die gebräuchlichsten: Fabulae
aesopicae von C. Halm, Leipzig 1884; Babrii Fabulae Aesopeae,
von F. G. Schneidewin, Leipzig 1880 (beide Bibl. Teubn.).

im 4. jahrhundert v. Chr. verfaßte Batrachomyomachie[1]) ist trotz ihrer 271 hexameter kein tierepos, sondern eine satire gegen die spätlinge der epischen dichtung, gegen unwürdige nachahmer Homers.

Von den Griechen geht die fabel zu den Römern über, welche auf diesem gebiete nicht schöpferisch, sondern bloße nachahmer der Griechen waren. Der aus Makedonien stammende, früh nach Rom gekommene Phaedrus hat im 1. jahrhundert n. Chr. fünf bücher fabeln gedichtet, die er selbst *Aesopiae fabulae* nennt und teils aus griechischen quellen entlehnt, teils selbst erfunden hat. Sie sind kurz, auf die lehre zugeschnitten, in sechsfüßigen jamben verfaßt. Im 4. oder 5. jahrhundert hat Avianus 42 fabeln nach äsopischen vorbildern gedichtet. Das verdienst beider sammlungen ist dies, daß durch sie die antiken fabeln dem mittelalter überliefert wurden. Zumal die fabeln des Phaedrus, in prosa aufgelöst und unter dem namen eines angeblichen verfassers Romulus gehend, wurden immer wieder der gegenstand neuer bearbeitungen in lateinischer sprache, seit der zweiten hälfte des 12. jahrhunderts auch in den volkssprachen (im französischen *Yzopet* genannt). Auch Avianus, wie Phaedrus in den rhetorenschulen behandelt, wurde mehrfach bearbeitet, zum teil mit den fabeln des Phaedrus verbunden.[2])

Aber auch hier müssen neben der schriftlichen überlieferung wege mündlicher übermittlung bestanden haben, wie die fabel von der heilung des kranken löwen zeigt, die sich weder bei Phaedrus noch bei Avian findet, aber im 8. jahrhundert Paulus Diaconus und im 12. jahr-

---

[1]) Batrachomyomachia hersg. von A. Ludwich, Leipzig 1896.

[2]) Ausgaben: Phaedri fabulae Aesopiae von Lucian Müller, Leipzig 1888; Aviani fabulae von Wilh. Froehner, Leipzig 1862 (beide Bibl. Teubn.). — W. Oesterley, Romulus, die nachahmungen des Phaedrus u. d. äsop. fabel im MA., Berlin 1870. G. Thiele, Der lat. Aesop des Romulus, Heidelberg 1910. Hervieux, Les fabulistes latins, I—II, Paris 1884, [2]I—V 1893—98 (hier auch das Directorium vitae humanae, oben s. VII).

hundert dem englischen dichter Alfred bekannt ist, aus dessen fabelbuch Marie de France ihre darstellung übernimmt.

Das literarische erbe, welches das altertum dem mittelalter zur schaffung eines tierepos hinterließ, ist also nicht allzubedeutend: ein tierepos hat die antike nicht hervorgebracht, ja nicht einmal den des lehrhaften zwecks ledigen, episch ausgestatteten verstierschwank, sondern nur eine anzahl fabeln, in Indien auch märchen. Daß die übermittlung griechischer und indischer erzählungsstoffe nicht nur auf die literarischen sammlungen angewiesen war, sondern daneben und z. t. vorher auf dem wege der mündlichen überlieferung vor sich ging, ist für die abendländische tierdichtung wichtig.

Aber die tiergeschichten des abendlands stammen keineswegs ausschließlich aus dem orient. Gewiß waren auch einheimische tiermärchen vorhanden. Und vor allem kommt neben dem östlichen tiermärchenkreis der nördliche tiermärchenkreis in betracht, dessen bedeutung erst Kaarle Krohn in das rechte licht gestellt hat. Die 60 fabeln, welche in der englischen vorlage des fabelbuches der Marie de France zu dem antiken grundstock hinzugekommen sind, stammen zum teil aus der einheimischen, nördlichen überlieferung. Die aus Ysengrimus, Roman de Renart, Reinhart Fuchs bekannte erzählung von der vergewaltigung der wölfin durch den fuchs ist in der literatur des altertums überhaupt nicht nachweisbar, stammt also aus abendländischer überlieferung, und die tatsache, daß in der 69. fabel der Marie de France an stelle der wölfin noch die bärin erscheint, beweist klar die herkunft aus dem norden, wo der gegenspieler des fuchses meist der bär ist.[1]

---

[1] Kaarle Krohn, Bär (wolf) und fuchs. Eine nordische tiermärchenkette (deutsch von O. Hackmann), Helsingfors 1888; Mann und fuchs. Drei vergleichende märchenstudien, Helsingfors 1891. Zum Yzopet der Marie de France vgl. Karl Warnke, Die fabeln der Marie de France (Bibl. norm. VI), Halle 1898; Die quellen des Esope der M. d. Fr., Halle 1900 (auch Forschungen z. roman. philologie, festband für Suchier, s. 161 ff).

2.

Die stücke, welche gewöhnlich als älteste zeugnisse
oder denkmäler der tiersage aus frühmittelalterlichen
chronisten angeführt werden, sind von sehr unterschied-
lichem wert und im wesentlichen nur als zeugnisse
für das vorhandensein von märchen und fabeln zu
verwerten. [1]) Zwei chronisten romanischer abkunft,
welche uns die geschichte der älteren Merowinger über-
liefert haben, bieten uns die ältesten belege für das
leben von fabeln und märchen außerhalb der literarischen
sammlungen. Nach Gregor von Tours IV, 9 (MG., SS.
rer. Mer. I, 146) erzählt könig Theodebald (gest. 553)
einem mann, von dem er sich betrogen glaubt, die
geschichte von der vollgesoffenen schlange, welche
aus dem weinkrug nicht mehr heraus konnte, um ihn
zur herausgabe des gestohlenen guts zu bewegen. Der-
artige geschichten sind nicht ohne weiteres als fabeln
zu bezeichnen, da sie von dem erzähler nur benutzt
werden, um in einem bestimmten fall einen praktischen
erfolg zu erzielen, die der fabel eigene sittenlehre aber
fehlt. Die erzählung begegnet bei Aesop als fabel
(zwei füchse), in Siebenbürgen als märchen (fuchs und
wolf). Deutlich als volksmärchen, *rustica fabula*, wird
von Fredegar IV, 38 (MG., SS. rer. Mer. II) die erzählung
von dem freundlosen wolf bezeichnet, welche bischof
Lesio von Mainz dem könig Theoderich II. von Burgund
erzählt, um ihn zur völligen vernichtung seines gegners
zu veranlassen. Es ist augenscheinlich ein einheimisches
märchen, das heutzutage völlig verschollen ist. Hin-
gegen ist die vielbesprochene erzählung von hirsch,
löwe und fuchs, welche nach Fredegar II, 57 Thole-
meus am kaiserhofe zu Byzanz erzählt, um den Ostgoten-
könig Theoderich zu warnen, nichts anderes als die
indisch-griechische fabel von dem entwendeten esel-
oder hirschherzen, hier vielleicht durch die mündliche
überlieferung hindurchgegangen und verändert. Später,

---

[1]) Vgl. zu den zeugnissen J. Grimm, RF s. XLVIIIff.,
CXCVf., 379ff.; Reißenberger, RF[2] 8ff.; Voretzsch, Afr.lit.[3] 65ff.

im 12. jahrhundert, taucht sie auf deutschem boden in
der Passio Sti. Quirini des Tegernseer mönchs Heinrich
wieder auf, aber mit der bemerkenswerten umgestaltung,
daß an stelle des löwen der einheimische bär getreten
ist und der hirsch, klüger als in der äsopischen fabel,
sich nicht zu einem zweiten besuch in der höhle des
löwen verleiten läßt. Wieder in anderer form erscheint
die erzählung gegen mitte des 12. jahrhunderts in der
deutschen Kaiserchronik: vom löwen ist nicht die rede,
ein mann stellt dem hirsch eine falle im garten, eine
füchsin entwendet das herz des ausgeweideten hirschs.
Die geschichte wird hier in ähnlichem zusammenhang
wie bei Fredegar vorgetragen: ein alter getreuer dienst-
mann warnt dadurch seinen herrn, herzog Adelger von
Baiern, vor kaiser Severe. Die füchsin statt des fuchses
ist sonst den griechischen und slavischen märchen eigen,
wo der gattungsname weiblich ist. Für das tierepos
hat diese fabel keine bedeutung gewonnen. Hingegen
darf man in dem bericht des französischen chronisten
Guibert von Nogent (gest. 1124) über die ermordung
des bischofs Waldrich von Laon (1112) unter allen
umständen eine anspielung auf den wolf im kloster-
keller erblicken, dessen schicksale uns in zwei fran-
zösischen Renartbranchen (VI, XIV) und im Reinhart Fuchs
(499 ff.) erzählt werden.[1]

In seiner aus *Prora* und *Puppis* bestehenden spruch-
dichtung *Fecunda ratis* (um 1023) hat Egbert von
Lüttich[2] neben geistlichen und gelehrten quellen auch
einheimische volksdichtung, sprüche, schwänke, märchen,

---

[1] Froumund von Tegernsee hat mit der hirschherzfabel
nichts zu tun, da die Historia fundationis monasterii Tegern-
seensis, nach welcher Grimm zitiert, aus dem 12. jahrhundert
stammt und ihren text erst aus Heinrichs Passio übernimmt:
vgl. v. Heinemann, Neues archiv d. ges. f. ält. d. geschichte
12, 145 ff. Die erzählung der Kaiserchronik siehe in E. Schröders
ausgabe (MG., Deutsche chroniken des MA. I) s. 207, v. 6884 ff.
Zu Guibert von Nogent s. E. Voigt, Ysengrimus s. LXXXII;
Voretzsch, Zs. f. rom. Phil. (ZrP.) 15 (1891) 172 f.; Foulet, Rom.
de Ren. 75 ff.

[2] Egberts von Lüttich Fecunda ratis, hgg. von Ernst Voigt,
Halle 1889.

namentlich tiermärchen (hier z. b. das erste vorkommen
des bachenabenteuers) nicht verschmäht.

In deutscher sprache begegnet uns verwertung von
tiergeschichten zuerst in der spruchdichtung Hergers
(Spervogels), die wohl noch vor dem gedicht Heinrichs
des Glichezares anzusetzen ist. Der wolf als gefährlicher
schafhirt, als mönch, der die schafe und schweine beißt
statt sie zu schützen, als schachspieler, der über dem
anblick eines widders das spiel verliert, der sieg des
wilderen hundes über den schwächeren beim streit um
den knochen: das sind die beispiele aus dem tierleben,
welche Herger zur lehre für den menschen anzieht. Der
gedanke des wolfmönchs ist schon vor Herger in der
lateinischen dichtung ausgebildet worden. Der wolf,
der lesen lernen will und dabei immer an die schafe
denkt, findet sich schon in der indischen literatur: der
wolf beim schachspiel ist nur eine andere form des
alten grundgedankens. Jüngere dichter gestalten den
wolf als schachspieler und den wolf in der schule weiter
aus. Daß Herger auch dem tiermärchen nahe stand,
lehrt seine anspielung auf eine igelgeschichte: *Weistu
wie der igel sprach? ,Vil guot ist eigen gemach'*. Es ist
Karl v. Bahder gelungen ein südslavisches märchen nach-
zuweisen, zu welchem Hergers anspielung trefflich paßt.[1]

3.

Um aber die anfänge epischer gestaltung von tier-
geschichten zu finden, müssen wir auf die lateinische
literatur des frühen mittelalters zurückgehen. An der
spitze stehen zwei Germanen, welche zeitweise am hofe
Karls d. Gr. lebten und dichteten: der Langobarde Paulus
Diaconus und der Angelsachse Alkuin. Jener hat
die ihm irgendwie zugekommene fabel von der erkrankung
des löwen und seiner heilung durch den fuchs vermittels

---

[1] Hergers sprüche in Minnesangs Frühling neu bearb.
von Fr. Vogt, s. 24—26. Das südslavische märchen bei Fr.
S. Krauß, Sagen und märchen der Südslaven II, Leipzig 1884,
s. 17. Dazu K. v. Bahder, Germania 31, 98.

einer warmen wolfshaut in 68 versen (distichen) mit
allerlei kleinen zügen ausgeschmückt. Die handlung
selbst ist in der äsopischen fabel kurz gegeben. Episches
beiwerk von Paulus ist die aufzählung der tiere, die list
des fuchses mit den auf der heilmittelsuche zerrissenen
schuhen, das anfängliche zögern des fuchses das seinen
ankläger vernichtende heilmittel bekannt zu geben, endlich
auch die an spottreden des heldenepos gemahnenden
schlußworte des fuchses zu dem geschundenen. Be-
merkenswert ist auch, daß hier der bär an die stelle
des wolfes tritt. Alkuins *Versus de gallo* zählen zwar
nur 31 hexameter, schildern aber die einfache handlung —
der vom wolf gepackte hahn rühmt den schönen gesang
des wolfs und entwischt, sobald der sänger das maul
öffnet — mit epischer behaglichkeit, die besonders der
beschreibung des hahns, des tagverkünders, des herrschers
der hennenschar, gilt. Gegenüber Paulus Diaconus hat
Alkuin die aus dem begebnis folgende lehre ausführlich
dargestellt. Ein unmittelbares vorbild bietet Äsop nicht,
wenn man nicht an eine künstliche verschmelzung der
fabel von wolf und zicklein und der von fuchs und rabe
denken will. Im tiermärchen hingegen sind ähnliche
erzählungen (wolf und gans, fuchs und hahn) häufig
zu finden. [1]

Die zeitlich folgende *Ecbasis captivi*, nach ziemlich
allgemeiner annahme um 940 von einem mönch deutscher
abkunft im kloster St. Aper zu Toul gedichtet, ist nicht
nur sehr umfangreich (1175 hexameter), sondern auch
ein sehr künstliches gebilde, das in die allegorische
außenfabel von der flucht und rückkehr des kalbes zum
stall die reichlich ausgesponnene erzählung von der schon
aus Paulus Diaconus bekannten heilung des kranken
löwen durch den fuchs einschiebt. Die zutaten stammen
augenscheinlich nicht aus irgendeiner älteren überlieferung,
sondern aus der persönlichen erfindung des verfassers,

---

[1]) Alkuins *Versus de gallo* bei Grimm RF 420, Paulus
Diaconus' *Leo aegrotans* hgg. von E. Dümmler, ZfdA. 12, 452,
14, 497, beide jetzt in Dümmlers Poetae latini aevi Carolini
(MG.) I, 62—64, 262.

der sich vor allem bemüht, die handlung, die verhältnisse, die auftretenden tiere möglichst dem menschlichen wesen anzupassen. So kommt neben dem grundgedanken der heilung des kranken löwen der zweite gedanke, hofhaltung und hoftag des königs löwe, klar zur darstellung. Immerhin hat der verfasser mit der innenfabel das erste wirkliche tierepos (700 verse) zustande gebracht. Auch die vorstellung vom wolfmönch tritt hier, wenigstens in der außenfabel, schon hervor, wenngleich nicht übersehen werden darf, daß in der innenfabel auch verschiedene andere tiere geistliche verrichtungen ausüben. [1])

Völlig anderer art sind zwei lateinische gedichte des 10. und 11. jahrhunderts, welche man als schwänke bezeichnen kann: das in Thüringen entstandene gedicht *Alveradae asina*, das die tötung der von ihrer besitzerin heiß geliebten eselin durch den wolf erzählt und den schmerz um die entrissene in scherzhafter übertreibung zum ausdruck bringt, und das wohl von einem Franzosen verfaßte gedicht *Sacerdos et lupus*, von priester und wolf in der wolfsgrube, wo der wolf über den rücken des sich im gebet verneigenden priesters wieder hinausspringt. Das erste gedicht beruht wohl auf einem wirklichen vorfall, vielleicht auch das zweite, das aber auch an die äsopische fabel von fuchs und bock im brunnen erinnert. Beiden gedichten aber fehlt das wesentliche des märchens und der fabel, das reden der tiere. Sogar der französische bearbeiter des *Sacerdos et lupus*, der verfasser der XVIII. Renartbranche, hat dem wolf Isengrin die gabe der menschlichen rede nicht verliehen. So stellen die beiden gedichte mehr menschenschwänke als tierschwänke dar. [2])

---

[1]) Ecbasis captivi hgg. von E. Voigt (QF 8) Straßbg. 1875. — Die entwicklung der hoftagsgeschichte in der dichtung s. in der einleitung zu Leitzmanns neuer ausgabe des Reinke de vos s. X ff.

[2]) Beide gedichte bei J. Grimm und Schmeller, Lat. gedichte des X. u. XI. jahrhunderts, Göttingen 1838, s. 337 ff., sowie bei Müllenhoff und Scherer, Denkmäler, no. XXIV u. XXV (Sac. et lupus nur in der 1. auflage). Diese gedichte sowie das folgende sind nicht im klassischen quantitierenden metrum, sondern in akzentuierenden reimversen (strophen zu 4—6 versen) verfaßt.

Wieder eine echte tiergeschichte bietet das vielleicht noch dem 11. jahrhundert angehörige gedicht *Gallus et vulpes*, welches einer anderen überlieferung folgt als Alkuin in seinen *Versus de gallo* und zuerst die überlistung des hahns durch den fuchs, dann erst die des fuchses durch den hahn erzählt (zur selben gruppe gehört auch die darstellung des Roman de Renart und des Reinhart Fuchs). Im übrigen wird der größere teil des langen gedichts mit der allegorischen auslegung der handlung gefüllt. [1]

Um diese zeit wird allem anschein nach die schon in der *Ecbasis* im keim vorhandene vorstellung vom wolfmönch weiter ausgebildet, vermutlich in anlehnung an das Bibelwort Matth. VII, 15: *Cavete a falsis prophetis, qui veniunt ad vos in vestimentis ovium, intrinsecus autem sunt lupi rapaces.* Der wolf, der in der schule, als der lehrer *A* vorspricht, *agnellum* sagt und bei *B* *porcellum*, wird 1096 in einer bulle des papstes Urban II. für das kloster Moutierneuf in Poitiers erwähnt. Um 1100 ist an der unteren Loire das in distichen abgefaßte *De lupo* (oder *De lupo, pastore et monacho*) entstanden: hier läßt sich der wolf eine tonsur scheren, grüßt mit *benedicite* und täuscht so den hirten, bricht aber bald darauf wieder in seine herde ein. Die handlung ist anschaulich geschildert, die wechselrede reichlich verwendet. [2]

Das sind die epischen oder episch gefärbten tierdichtungen, die etwa bis 1100 vorhanden sind: begreiflicherweise alle in lateinischer sprache gedichtet, zum größeren teile von germanischen, zum kleineren teile von französischen verfassern herrührend. Stofflich sind berührungen mit der äsopischen fabel, aber auch mit dem tiermärchen vorhanden. Der gedanke des scheinheiligen wolfs entwickelt sich im wesentlichen aus der

---

[1] Gallus et vulpes bei Grimm u. Schmeller s. 345—54.
[2] Text bei Grimm RF s. 410ff.; E. Voigt, Kleinere lat. denkmäler der tiersage a. d. 12.—14. jahrhundert (QF 25), Straßbg. 1888, s. 58ff. (hier s. 21 das zitat aus der bulle Urbans II.).

religiösen literatur, immerhin bedient sich auch im tier-
märchen der fuchs zur täuschung anderer tiere häufig
des vorgebens, geistlich geworden zu sein. Durch die
Ecbasis captivi wird die geschichte vom kranken löwen
und von den klagen der tiere gegen den fuchs stark
in den vordergrund geschoben.

Mit dem lateinischen *Ysengrimus* des magister N i -
v a r d u s von Gent (1150—52) tritt das tierepos im
strengsten sinn in erscheinung [1]). Was ihm und den
Renartbranchen gemeinsam ist, sind die hier · zuerst in
der dichtung begegnenden eigennamen der tiere, durch
welche die gattung individualisiert wird, und die engen
beziehungen zur mündlichen überlieferung, auf die sich
der dichter des Ysengrimus allerorten beruft. Was ihn
über die gesamtheit der Renartbranchen erhebt, ist der
künstlerische aufbau, die zusammenschweißung der vielen
einzelgeschichten zu einem geschlossenen ganzen. Der
wolf Ysengrimus ist der held des epos, das man treffend
Îsengrînes nôt nennen könnte. Die not beginnt mit den
erlebnissen des wolfs, die am hofe vorgetragen werden
(begegnung mit den wallfahrern—mönchtum), steigert
sich dann durch des fuchses bosheit bis zum verlust der
haut und nach übelen begegnungen mit pferd, widder,
löwe und esel bis zum tod durch die schweineherde.
Das ganze ist eine nach wahl und anordnung des stoffes
und stilistischer form ausgezeichnete dichtung, ein
wahrhaftes epos.

Es ist bezeichnend, daß dieses neuartige tierepos
auf vlämischem boden von einem Vlamen gedichtet worden
ist, daß die verfasser der französischen Renartbranchen
in den der sprachgrenze nächst benachbarten provinzen,
großenteils in der Pikardie, die übrigen in Normandie,
Isle de France, Champagne zu hause sind. Die namen-

---

[1]) Als *Reinardus vulpes* zuerst hgg. von Franz J. Mone,
Stuttgart u. Tübingen 1832, als *Ysengrimus* von Ernst Voigt,
Halle 1884. J. Grimm hielt dies gedicht für das jüngere, den
von Voigt so genannten — *Ysengrimus abbreviatus* für das
ältere gedicht. Vgl. Léonard Willems, Étude sur l'Ysengrimus,
Gent 1895, dazu Voretzsch, ZrP. 22 (1896) 413 ff.

gebung muß auf germanischem boden erfolgt sein, nicht weil Renart, Baudouin, Tibert, Grimbert namen deutschen ursprungs sind, sondern weil die benennung der tiere mit menschlichen eigennamen eine.vorwiegend deutsche eigentümlichkeit ist und weil mehrere dieser namen, vor allem der name des wolfs Isengrin, aber auch Tibert, Grimbert, Brun, Tiecelin sonst als mannesnamen auf französischem gebiet überhaupt nicht vorkommen. Die namengebung muß vorliterarisch sein, weil der name Isengrin für den wolf schon durch die erzählung Guiberts von Nogent zum jahre 1112 (s. o. s. XIII) bezeugt ist. Die verbindung volkstümlicher tiermärchen mit eigennamen stellt das dar, was man mit J. Grimm noch heute als tiersage bezeichnen kann.

Das tiermärchen hat von haus aus die epische eigenart, welche das tierepos verlangt. Es hat auch die neigung zur gruppenbildung oder zur bildung von märchenketten, die naturgemäß auch dem tierepos eignet. Tritt nun hierzu im volk noch die benennung der tiere mit eigennamen, so ist die epische ausgestaltung des tiermärchens vollendet. Der Ysengrimusdichter bietet eine reihe von geschichten, die ihre gegenstücke nicht in den äsopischen oder indischen fabeln, sondern im märchen finden (schinkenteilung, wallfahrt der tiere, widders rachensprung, schwur auf das wolfseisen u. a.). Den wolfmönch sowie den hoftag des kranken löwen hat er aus der voraufgehenden überlieferung geschöpft, ohne daß wir eine bestimmte quelle bezeichnen können. Ysengrims tod hat er wohl erfunden, um dem ganzen einen abschluß zu geben. Die metrische und stilistische form ist klassisch. Die ganze dichtung zählt 6579 verse (in distichen) in sieben büchern.

Demgegenüber hat die französische tierdichtung kein einheitliches, geschlossenes werk zu stande gebracht. Der sog. Roman de Renart[1]) ist eine sammlung von

---

[1]) Ausgabe von Méon, 4 bde., Paris 1826, dazu Supplément von Chabaille, Paris 1835. Neue ausgabe von E. Martin, Le Roman de Renart, Straßburg 1882—87, 3 bde., dazu Observations sur le R. d. R., ebenda 1887. Vgl. H. Büttner, Die überlieferung

tierschwänken. Wie man in den handschriften die epen von Guillaume d'Orange oder von den Lothringern zusammenstellte, hat man in den handschriften auch die verschiedenen dichtungen von fuchs und wolf miteinander vereinigt, ohne den versuch zu machen, ein zusammenhängendes ganzes daraus zu gestalten. Es sind nicht einmal alle branchen in die sammelhandschriften aufgenommen worden, manche finden sich nur in einer handschriftengruppe oder in einzelnen handschriften. Eine kurze branche von wolf und gans, *Dou lou et de l'oue* (72 verse), hat Méon in seine Fabliaux et contes (III 53 ff.) verwiesen. Jeder dichter schöpft aus seiner quelle und gestaltet seine dichtung meist ohne rücksicht auf bereits vorhandene andere dichtungen. Nur die hoftagsgeschichte (branche I und X) mit ihren nachahmungen hat eine gewisse zyklische neigung, da hier die anklagen der tiere gegen Renart beziehungen auf eine anzahl älterer branchen bringen. In der I. branche — und ähnlich in der X. — ist die alte erzählung vom hoftag des kranken löwen frei ausgestaltet worden, so daß die ursprüngliche handlung fast ganz zur nebensache geworden ist. In der I. branche ist sogar die krankheit des löwen, welche den eigentlichen anlaß zum hoftag bildet, ganz verschwunden. Die vorstellung von königtum und hofhaltung legte von vornherein die übertragung menschlicher verhältnisse auf den tierstaat nahe.

Das alter der einzelnen Renartbranchen ist schwer zu bestimmen.[1]) Sie sind gewiß jünger als der Ysen-

---

des R. d. R. und die handschrift O, Straßburg 1891. Gunnar Tilander, Remarques sur le R. d. R , Göteburg 1923. — L. Sudre, Les sources du R. d. R., Paris 1893. G. Paris, Le R. d. R., Journal des Savants, 1894 u. 1895, sep. Paris 1895, jetzt in G. Paris, Mélanges de litt. fr. du moyen âge, Paris 1912, s. 337 ff. Herm. Class, Auffassung und darstellung der tierwelt im franz. R. d. R., diss. Tübingen 1910. L. Foulet, Le Roman de Renard (s. o.) Walther Suchier, Tierepik und volksüberlieferung, Archiv 143 (1922) 223 ff., dazu 149 ff.

[1]) Vgl. darüber Martins Observations (s. o), L. Sudre s. 6, Theodor Stock, Sprachliche untersuchungen zum RdR., diss. Leipzig 1901, und Foulets allerdings sehr anfechtbare auffassungen.

grimus, der auch in einzelnen stücken das vorbild
geboten oder nachträglich eine selbständig entstandene
Renartbranche beeinflußt hat. Foulet geht aber in seiner
annahme von entlehnungen und nachahmungen viel zu
weit. Manche branchen lassen in ihrer handlung, in
ihrer sprache, in ihrer reimbildung spuren der über-
arbeitung erkennen. Völlig abwegig wäre es, allen
branchen, deren inhalt im mhd. Reinhart Fuchs wieder-
kehrt, die abfassung vor 1182 (s. XLVII) zuzuschreiben:
das wären die branchen II, V, III, IV, Vª, I, X, was aus
sachlichen und formalen gründen bei den meisten wenig
wahrscheinlich ist. Hier muß mit der möglichkeit ge-
rechnet werden, daß der verfasser des RF ältere Renart-
branchen benutzt hat, welche uns im überlieferten Renart
nur noch in überarbeitungen vorliegen. Diese älteren,
verlorenen dichtungen brauchen nicht viel jünger als
der Ysengrimus gewesen zu sein. Will man mit Foulet
den Roman de Renart aus dem Ysengrimus herleiten,
so sind die französischen Renartdichter allem anschein
nach ziemliche stümper gewesen: kein einziger hat den
Ysengrimus als ganzes mit seiner kunstvoll geführten
handlung bearbeitet, kein einziger ein ähnliches, aus
einer reihe von erzählungen bestehendes und doch ein-
heitliches werk nach dem vorbild des Ysengrimus ge-
schaffen! Es sind stets nur einzelheiten, welche jüngere
Renartdichter von dort entnehmen. Es liegt hier allem
anschein nach in der französischen Renartdichtung von
anfang an eine mustergebende literarische überlieferung:
es werden einzelne märchen, gelegentlich auch märchen-
ketten, aus der mündlichen überlieferung aufgenommen
und durch vers und epische ausschmückung zu tier-
schwänken gestaltet. Denselben weg gehen auch die
wenigen aus der antike entlehnten fabeln. /Hätte der
Ysengrimus von anfang an die Renartdichtung bestimmt,
so müßte diese eine viel engere anlehnung an jenen
im ganzen wie im einzelnen zeigen.[1]) ƒ

---

[1]) Die beziehungen zwischen Ysengrimus und Renart-
branchen bedürfen genauerer untersuchung. Ich gedenke in
meinen ‚Studien zu tiersage und tierepos‘, die als 12. heft der

Für Indien wie für Griechenland nehmen die sach-
kenner, wie oben dargestellt worden ist, den fabeln
voraufgehende und als stoffquelle dienende märchen an.
Für Frankreich wird uns seit früher zeit die *rustica
fabula* bezeugt. In England wird das fabelbuch der
Marie de France von märchen nördlichen ursprungs
beeinflußt. Der magister Nivardus schöpft im Genter
lande nachgewiesenermaßen stark aus der mündlichen
überlieferung. Der von ihm um 1150 verwendete name
seines helden Ysengrimus ist als Isengrimus schon 1112
in der gegend von Laon bekannt. Es ist klar, daß
auch die bewohner Nordfrankreichs ähnliche über-
lieferungen wie der verfasser des Ysengrimus gekannt
haben und benutzen konnten. Nur Foulet streitet den
Nordfranzosen diesen besitz und diese fähigkeit ab.
Für ihn sind alle volksmärchen aus der kunstliteratur
hervorgegangen. Wie für Bédier die chansons de geste
‚romans du XII⁰ siècle‘ und nur aus ihrer zeit zu erklären
sind, so sagt Foulet in der einleitung zu seinem buch:
‚Nous verrons avant tout dans le *Roman de Renard*
une œuvre du XII⁰ siècle que nous chercherons à
expliquer par le XII⁰ siècle.‘ Mit solchen vorurteilen
beraubt man sich selbst der wichtigsten hilfsmittel für
die erkenntnis der eigentlichen entwicklung des tierepos.

4.

Die frage, ob ein teil der überlieferten Renart-
branchen nur in überarbeiteter gestalt vorliegt, ist für
die beurteilung Heinrichs des Glichezares sehr wesentlich,
aber sie kann zum teil auch nur mit hilfe des RF ent-
schieden werden, der mit seinem alter uns als vertreter
der vor 1182 vorhandenen Renartbranchen gelten muß.
Für J. Grimm, Wackernagel, Fauriel, Jonckbloet[1] be-

‚Romanistischen Arbeiten‘ erscheinen sollen, eine vergleichende
untersuchung über Ysengrimus, Roman de Renart und Reinhart
Fuchs zu geben.

[1] J. Grimm, RF s. CXXXIXf., Sendschreiben s. 6; Wacker-
nagel, Kleine schriften II 295 f.; Fauriel, Hist. litt. de la
France XXII s. 904 ff.; Jonckbloet, Étude sur le RdR., Groningen
1863, s. 63 ff.

stand kein zweifel, daß die französischen original-
dichtungen, nach denen der Glichezare gearbeitet, ver-
loren gegangen oder nur in überarbeitungen erhalten
seien. Der erste, welcher widerspruch erhob, war
Paulin Paris[1]). Dann folgte E. Martin, der in seinen
,Observations sur le roman de Renart' sogar eine
nähere beziehung des RF zu der handschrift A des RdR
(in der reihenfolge der abenteuer) zu erkennen glaubte
und auch später bei seiner ansicht blieb.[2]) Im einzelnen
suchte Julius Lange in zwei programmabhandlungen
und Martins schüler Hermann Büttner in einer ausführ-
lichen untersuchung zu erweisen, daß der Glichezare
nach den überlieferten Renartbranchen gearbeitet habe.[3])
Gleichzeitig erschien meine dissertation ,Der Reinhart Fuchs
Heinrichs des Glichezares und der Roman de Renart',[4])
in welcher ich nicht nur durch vergleichen der beiden
texte, sondern auch durch heranziehen älterer schrift-
licher und auch mündlicher überlieferungen zu dem er-
gebnis gelangte, daß der RF im ganzen wie im einzelnen
altertümlicher ist als die entsprechenden branchen des
RdR und daher verlorene branchen als vorlagen ver-
langt. Léopold Sudre wurde durch seine untersuchungen
über die quellen des RdR (1893) zu derselben an-
schauung geführt. Mit ausnahme Martins nahmen germa-
nisten und romanisten diese ergebnisse an.[5]) Die frage
schien endgültig gelöst, bis Foulet mit seinen unter-
suchungen über den ,Roman de Renard' (1914) hervortrat.

---

[1]) P. Paris, Les aventures de maître Renart et d'Ysengrin
son compère mises en nouveau langage, Paris 1861, s. 342 ff.
    [2]) E. Martin, Observations s. 106 ff.; ZrP. 18 (1894) 290 f.
Zu der handschriftenfrage vgl. ZrP. 16 (1892) 24 ff.
    [3]) J. Lange, Les rapports du RdR au poème allemand
de Henri le Gleissner, progr. d. realschule Neumark in West-
preußen 1887; Heinrichs des Gleissners Reinhart und der RdR,
ebenda 1889. Vgl. Lbl. 11 (1890) 70 ff.   H. Büttner, Der
Reinhart Fuchs und seine franz. Quelle, Straßbg. 1891. Vgl.
Lbl. 13 (1892) 157 ff.
    [4]) ZrP. 15 (1891) 124 ff., 344 ff., 16 (1892) 1 ff.
    [5]) W. Foerster, ZrP. 17 (1893) 295 ff.; A. Leitzmann, Zs. f.
frz. Spr. 14 (1892) II s. 186 f.; G. Gröber, Afr. lit. im Grund-
riss II 1 s. 474, 629; Reißenberger, RF[2] 26.

Foulet nimmt sich vor, die Reinhartfrage ‚ein für allemal zu regeln‘ (s. 393). Er ist durch die untersuchung der französischen Renartbranchen zu der ansicht gelangt, daß es originaldichtungen sind. Logischerweise muß er den RF aus den überlieferten Renartbranchen herleiten. Er setzt diese zeitlich, mit meist sehr wenig beweiskräftigen gründen, sehr hoch an (die branchen I—XVII von 1174—1205). Hingegen sucht er die entstehungszeit des RF möglichst herabzudrücken: das von Reißenberger erschlossene jahr 1180 scheint ihm nur ein ungefähres datum zu sein, man könne ebensogut bis auf das ende des jahrhunderts hinabgehen. Der zweite teil dieser einleitung wird ihm zeigen, daß diese voraussetzung irrig ist und daß seine folgerungen schon durch die wirkliche abfassungszeit des RF ins wanken kommen. Er ist der meinung, daß in der lücke des RF (562—63) die wallfahrt stand, und setzt die wallfahrtsbranche (VIII) auf 1190 an: das verträgt sich schlecht mit der abfassung des RF um 1182.

Foulet will die art und weise von Heinrichs dichten aus seiner zielsetzung erklären: ‚Il se donna pour mission d'écrire une histoire complète de Renard et d'Isengrin ... De plus il voulait que cette histoire fût courte‘ (s. 427). Zwei seiten weiter behauptet er, daß ‚le Glichezare était trop pressé pour admettre dans son récit deux situations en somme parallèles‘. Woher weiß das der verfasser? Er rechnet doch selber aufs genaueste aus, daß der Glichezare etwa 342 verse von sich aus zugesetzt hat (s. 404), also hatte er es gar nicht so eilig und war sogar auf erweiterung des ihm vorliegenden stoffes bedacht. Die wahrscheinlichkeit, daß der dichter kürzere branchen vor sich hatte als die überlieferten, bleibt daher nach wie vor bestehen.

Die eigene arbeitsmethode Foulets ist den bisherigen methoden keineswegs so überlegen, wie er zu glauben scheint. Wenn man nur zwei texte miteinander vergleicht, wie Foulet hier RF und RdR, wird in vielen fällen das persönliche gutdünken entscheiden müssen,

ob diese oder jene fassung die altertümlichere ist. Man
wird also andere, womöglich ältere bearbeitungen der-
selben erzählung heranzuziehen suchen, um zu einer
wahrscheinlichkeit oder gewißheit zu gelangen. Daß
Foulet die tiermärchen völlig verschmäht und damit auf
ein kriterium verzichtet, dessen bedeutung von Sudre so
glänzend ins licht gestellt worden ist, wurde schon früher
bemerkt. Aber Foulet sucht auch die älteren schrift-
lichen fassungen, abgesehen vom Ysengrimus, möglichst
beiseite zu schieben, wenn sie für die größere alter-
tümlichkeit des RF sprechen. Bei Foulets grundauffassung
macht es ihm begreiflicherweise schwierigkeiten, die
einfache und klare erzählung des RF vom hoftag und
von der heilung des löwen zu erklären, da diese erzählung
im RdR in die branchen I und X gespalten erscheint,[1)]
ja auch die branche V^a als dritte hoftagsgeschichte
kommt mit in betracht. Der deutsche dichter stellte
darnach durch vergleichung der branchen I (1620 verse),
V^a (1026 v.) und X (1754 v.) untereinander die gemein-
samen grundzüge der handlung fest und gestaltete dann
unter verwendung der gerichtsverhandlung aus br. I und
des arztmotivs aus br. X seine einheitlich durchgeführte
erzählung von 776 versen (v. 1320—2096). Branche V^a
entkleidete er des hoftagscharakters und machte so aus
1026 versen der französischen vorlage 93 verse. Der
Glichezare hat also hier nach Foulet drei branchen und
4400 verse verarbeitet, um zwei geschichten von zu-
sammen 869 versen zu gestalten. Das merkwürdigste
aber ist, daß der Glichezare auf diese art in seiner
hoftagsgeschichte, ohne es zu wissen und zu wollen,
die beiden motive vom hoftag und von der heilung des
kranken löwen durch den fuchs wieder zusammenbringt,
die in dieser erzählung seit Äsop bis zu Paulus Diaconus,
Ecbasis und Ysengrimus miteinander verbunden waren!
Für jeden unbefangenen beurteiler ist es klar, daß die
darstellung des RF zwischen den älteren bearbeitungen

[1)] Vgl. die gegenüberstellung von RF, br. I und br. X in
ZrP. 16 (1892) 1 ff. Foulets ausführungen siehe s. 428 f.

des äsopischen themas und dem überlieferten RdR liegt, nicht hinter diesem.

Am Bachenabenteuer hatte ich nachgewiesen, daß die überlieferte branche V eine reihe entlehnungen aus dem Ysengrimus aufweist, daß aber gerade diese stellen sämtlich im RF fehlen und demgemäß der Glichezare eine vom Ysengrimus noch nicht beeinflußte vorlage gehabt haben muß. Foulet muß zugeben, daß die beobachtung im ganzen richtig ist: ‚des détails empruntés à l'Ysengrimus par la branche V n'ont en général pas passé dans le texte allemand‘, bemüht sich aber dann nachzuweisen, daß der deutsche dichter, seiner handlung folgend, gerade diese stellen streichen mußte![1])

Der singende wolf im klosterkeller (RF 499—550) begegnet im RdR ausgeführt nur in der jungen XIV. branche, die einen neuen wolfhelden namens Primaut hat und eine reihe abenteuer um diesen gruppiert. Die VI. branche hat eine kurze anspielung auf das begebnis (v. 709—30), welche zu der erzählung des RF genauer stimmt als die XIV. branche. Der Glichezare verrät sonst weder kenntnis der VI. noch der XIV. branche. Daß er aus dem kurzen auszug der VI. branche seine ausführliche darstellung gebildet hätte, ist ohnehin unwahrscheinlich. Foulet sagt uns überhaupt nichts darüber, woher der deutsche dichter diese erzählung geholt hat. Die theorie versagt hier völlig.

So bleibt es bei der bisher geltenden erkenntnis, daß der dichter des RF nach älteren Renartbranchen gearbeitet hat, die uns heute nur in überarbeiteter gestalt vorliegen oder ganz verloren gegangen sind. Die beurteilung seiner kunst wird dadurch, daß wir seine unmittelbaren vorlagen nicht kennen, freilich erschwert. Im ganzen hat der Glichezare ältere formen von folgenden branchen oder branchenteilen gekannt und benutzt:

II (23—1024): der fuchs von kleineren tieren betrogen,

V: bachenabenteuer,

---

[1]) S. ZrP. 15, 164 ff., Foulet 247 f.

III (177—364): wolfstonsur und fischfang,
IV: fuchs und wolf im brunnen,
V*: schwur auf das heiltum,
II (1211—1396): wölfin im fuchsbau.
Urform von br. I + X.

Die lücke zwischen v. 562 und v. 563 muß zwei
erzählungen enthalten haben: ein begebnis zwischen
Reinhart, Baldewin und Isengrin, und eine buhlschaft
zwischen Reinhart und Hersant, die von Kuonin be-
obachtet wird. Die meisten forscher betrachten als das
erste abenteuer die wallfahrt (Renartbranche VIII). Ich
habe ZrP. 15, 177 ff. die gründe auseinandergesetzt, welche
dagegen sprechen. Auch Büttner (s. 79) führt mehrerlei
gründe dafür an, daß nicht die wallfahrt in der lücke
stand.[1]) Ich habe auf den schwur Isengrins auf das
wolfseisen hingewiesen, an dem fuchs und esel beteiligt
sind. Die das thema behandelnde fabel des Marners
zählt zwar nur 20 verse (darunter acht langverse), ist
aber, wie schon der vergleich des eingangs mit RF 552 ff.
lehrt, sehr kurz gehalten und würde beim Glichezare
sicher ausführlicher behandelt gewesen sein. Ob die
buhlschaftsszene mit der erzählung RdR II 1098—1210
in beziehung steht, läßt sich nicht mit bestimmtheit
sagen. Jedenfalls würden die zwei erzählungen die
lücke in dem vom herausgeber berechneten umfang von
110 versen (s. XL) passend ausfüllen.[2])

Der deutsche dichter hatte also 8—9 branchen vor
sich, die er allem anschein nach selbst in die im RF
vorliegende ordnung gebracht und mit geschick unter-
einander verknüpft hat.[3]) Er hat eine sich allmählich
steigernde handlung geschaffen, der er mit der ver-
giftung des königs Vrevel durch den schlimmen arzt

---

[1]) Merkwürdigerweise zählt Foulet (s. 430) Büttner zu
den anhängern der wallfahrtstheorie.
[2]) Vgl. zur lücke Grimm, RF CIII—IV; Martin, Obser-
vations s. 105; Büttner s. 77 ff.; Voretzsch, ZrP. 15, 177 ff.;
Sudre 209 f.; Foulet 430. Die fabel des Marners in der aus-
gabe von Phil. Strauch (QF XIV) 118.
[3]) S. das genauere ZrP. 16, 24 ff.

Reinhart einen wirklichen und zwar einen tragischen abschluß gibt. Läßt er sich an kunst auch nicht mit dem dichter des Ysengrimus vergleichen, so hat er doch aus einer anzahl von einzeldichtungen ein zusammenhängendes epos und damit das erste tierepos in einer volkssprache geschaffen.

Das oberdeutsche tierepos von Reinhart Fuchs hat nicht den großen erfolg gehabt wie der niederdeutsche Reinke de vos, dem freilich von anfang an die verbreitung durch den buchdruck zugute kam. Einige bruchstücke des alten gedichts und zwei handschriften der bearbeitung zeugen nicht für allzu starke verbreitung. Nachgeahmt[1]) wurde das brunnenparadies des RF in der fabel von fuchs und wolf im brunnen (Liedersaal 2, 43, Grimm 356 ff.). Vielleicht stammt auch das *bispel* von henne und fuchs (Pfeiffers Übungsbuch 1866, s. 139 f.) aus dem RF. Stand in der lücke Isengrins schwur auf das wolfseisen, so kann auch der Marner seine fabel aus dem RF geholt haben. Die übrigen kleineren mhd. tiergedichte lassen keinen zusammenhang mit dem RF erkennen. Die weitere entwicklung des deutschen tierepos erfolgt auf niederdeutschem boden[2]).

Karl Voretzsch.

II.

Von dem Reinhart Fuchs Heinrichs des Glichezares ist uns die ursprüngliche fassung nur in bruchstücken, eine bearbeitung vollständig erhalten.[3])

---

¹) Ebenda 32 ff.

²) Siehe einleitung zu Leitzmanns ausgabe des Reinke de vos (Altd. Textbibl. 7).

³) Ausgaben: Mailáth und Köffinger, Koloczaer Codex altdt. Gedichte, Pesth 1817, s. 357 ff.; J. Grimm, RF, Berlin 1834; J. Grimm, Sendschreiben an Karl Lachmann, Leipzig 1840; Karl Reißenberger, RF, Halle ¹1886, ²1908. Zur herstellung: J. Grimm, Altdt. blätter 1, 417; W. Grimm, Graf Rudolf, Göttingen ²1844, s. 13 f.; Haupt, ZfdA. 15, 254 f.; Schönbach,

1.

a) Die bruchstücke, S 1—4, 8⁰ ms. poet. 1.—II. 5 der Landesbibliothek zu Kassel, pergament, eingeheftet und -geklebt hinter ein exemplar von Grimms Sendschreiben, bestehen aus zwei vollständigen beiderseitig beschriebenen doppelblättern (S 2 und 3), inneren (oder einzigen) zweier lagen, und zwei äußeren blatthälften (S 1 und 4). S 3 trug nach J. Grimm auf der letzten seite in einem radierten rechteck die inschrift *Melsingen de Anno S 14 Berechent vff frietag nach triū regum Anno XVᶜXV. nō aᶜ 150 x schult.* Sie ist jetzt größtenteils durch gallustinktur zerstört. Danach wäre die hs. 1515 in Melsungen zu umschlägen von rechnungsbüchern zerschnitten.

Maße von S 2 und 3: 10,8 × 16,7 und 10,9 × 17 cm, maße von S 1: 4,5 bis 5,6 × 16,7, maße von S 4: 3,4—3,9 × 17 cm. Zweispaltig: 30 wagerecht zwischen 4 senkrecht eingeritzten linien; höhe des systems 13,3 cm, breite der spalte 4,2 bis 4,3 cm, zwischenraum zwischen beiden spalten 0,5—0,6 cm; S 1 und S 4 enthalten nur, nach der blattmitte zu beschnitten, die spalten b und c; erhaltene schriftbreite auf S 1: 3,8—4,5, auf S 4: 1,8—2,6 cm. Beschreibung von einer hand bis auf einige zwischenzeilige ergänzungen, die zweifelhaft sind, die zutaten des rubrikators, den aktenvermerk auf der rückseite von 3 und einige noch jüngere kursive einträge; moderne tintenpaginierung 1—12. Unabgesetzte verse fast durchweg mit schlußpunkten und ganz ohne andre interpunktion; bindestriche in *wec-ke* 1542, *die-brehte* 1690. Der rubrikator strichelt überall an den versanfängen einige buchstaben, außerdem in der regel die eigennamen und *kunic* ganz; hie und da schnörkellinien zur zeilenfüllung; nach sinnesabschnitten große rote majuskeln, die der schreiber z. t. am rande klein angegeben hat (959; 823 fehlt sie trotz angabe); einige male

ZfdA. 29, 47 ff.; Reißenberger, Beitr. 11, 330 ff.; Sprenger, Litbl. 1887, 473 ff. und Germ. 36, 195 f.; v. Bahder, Beitr. 16, 49 ff.; Steinmeyer, ZfdA. 45, 314 ff.; Leitzmann, Beitr. 42, 18 ff.; Wallner, Beitr. 47, 173 ff.

fügt der rubrikator punkte, 1547 einen *n*-strich über *sinne* hinzu. An abkürzungen kommen vor: *dc, vn̄, .R.=Reinhart* (flektiert *R.ᵘⁱʳ* usw.) ʽ=*er*, hochgestelltes *e, i* und (offenes) *a=re, ri* und *ra*, hochgestelltes *e* in *begunde* 873, *&* (aus raummangel) in *hûb&* 908. Rundes *s* fehlt noch in der minuskel; hohes *h*-förmiges *z* noch v. 731, durch korrektur eingeführt 940 und 1589; *ᴄʀ=or*; *ô* wie *û* für *uo* und *ou*; *i* ohne akzent außer *kniwin* 812, *min* 1702, *eine* 1707, *zwei* 1712, *unminne* 1718, *orin* 1719, *wochin* 1894 (also meist auf wenige verse zusammengedrängt), einigemal *vv=w* (z. b. 1601. 1608. 1730. 1739), einige flache *τ* (z. b. 1531. 1610); eigennamen meist mit majuskeln beginnend, einige versanfänge desgl. (718. 1567).

Danach könnte die hs. noch ins 12. jh. gehören.

Die schrift ist mit S 3 größer und gröber geworden (höhe der schrift in S 2 etwa 1,5 mm, mit oberlängen 2,5, die unterlängen bis 1 mm, in S 3 etwa 2, 3 und 1 mm); infolgedessen stehen auch auf dem 1. blatte von S 3 nicht mehr 35 $\frac{1}{2}$ verse in der spalte, wie auf dem letzten blatt von S 2, sondern nur noch 32½. Jedoch hebt sich diese zahl weiterhin wieder zu 34 und 35, und ich glaube nicht, daß man zwei hände anzunehmen hat.

Die erhaltung ist gut bis auf stellenweise abreibung, die aber zur zeit der lesungen Grimms noch nicht so weit vorgeschritten war. Zerstört ist nur (für meine möglichkeiten) ein viereck um jene akteninschrift durch eine vorbereitende rasur und dann durch gallustinktur. Zur beschneidung von S 1 und 4 s. o.

Eigentliche schreibfehler sind nicht häufig. Am ehesten vorwegnahmen wie *fliffe* 809 (vgl. 743. 936. 1723. 1822. 1886) und nachholungen wie *sich sich* st. *sich sin* 791 f. (vgl. 786. 896. 947. 1685. 1698. 1733. 930.). Auf buchstabenformen und schreibungen der vorlage lassen schließen *cehinzit* 704 (*t∽c*, vgl. 837),[1] *z < c* 940, 1589. Orthographisch, z. t. auch lautlich begründet sind *s* für *sch* 836, *w* für *v* 1538, *z* für *s* 771. 804. 959, *m* für *n* im auslaut 812. 813. 813, *g > c* im auslaut

---

[1] Doch steht *cehinzit* vor *tusint*.

1691, *bluch* > *bloch*(?) 1550. Die formenänderung *begunde*
808 aus dem ansatz zu *began* besagt nichts, da es sich
um die pluralform handelt. Auf gedankliches abweichen
deuten *sach* < *sanc* 867, *dar* < *dc* 1581, *woltin* 1759.
Radiert ist v. 1702 und 1767, aus anstandsrücksichten
gebriutet 589. Die reimbesserung *sinne : inne* 1547 ist
vom rubrikator beseitigt.

b) Schon hieraus würde man schließen können, daß S
nicht das original ist. Deutlicher wird es aus den reimen.
Die zerstörung des reimes *Îsingrîn : senftîn* 697 (und die
entstellung *gletîm* 813 s. o.) verweist den schreiber aus
alem.-elsässischem gebiete, *komen* > *kom er : genomen*
864 (der versschluß ist, wie das fehlen des punktes
zeigt, nicht erkannt) neben *quam : swam* 851 ins bairische.
Dazu stimmt gut das aufgeben des flexions-*o* in *hûlen*
: *dôn* 879, *gehandelt* : *nôt* 1750, des *ff* = *pf* in *scuffin : rupfen*
789; das hinzufügen des *h* in *slahin : gân* 807, *gâch : sâ* 795.
969. 1699, *lieht : niet* 751 [1]), *lieht : verriet* 1687 (v. 893
ist der reim *bevoln : wol* wegen des *h*-ausfalls in *bevol[he]n*
nicht erkannt); das nachtragen des *i* in *scre* + *i : zwei*
1711; *a* statt *o* in *scouwen : gehauwen* 729.

Daß *â* in umlautstellung noch ohne umlaut reimbar
war, bezeugt *zewâre : verrâtêre* 1855. S hat das wort
maere immer *mere* geschrieben : *swêre* 591, : *viscêre* 777,
: *wêre* 971. 1577, aber auch im reim auf *wâre* 599,
scribâre 1525, *wâre* 1603; dazu dann *wâre : lugenâren*
623, *wâre* 957, *wâre* 1621, *rihtâre* 1859, *beswârin*
: *lugenârin* 1833.

Daraus, daß gedecktes tonloses *ə* bald als *e*, bald
als *i* auftritt (*sagen : tragin* u. dgl.), wird kaum etwas
zu erschließen sein. S überliefert, strichweise verteilt,
18 *e : e*, 21 *i : i*, 8 *e : i*, und von diesen 7 bis v. 785,
dann nur 1 v. 1553. Also werden die *e : i* wohl erst
von S herrühren. Aber ob man *i : i* oder *e : e* her-
zustellen hat, scheint zweifelhaft, trotzdem S v. 807
i einführt (*slahin : gân*).

---

[1]) Vgl. G. Louis, Nicht und nichts, diss. Marburg 17,
s. 13*.

2.

Die bearbeitung ist in zwei prächtigen pergament-
sammelhandschriften erhalten.

a) Cod. pal. germ. 341 der Universitätsbibliothek zu
Heidelberg (P) ist eingehend beschrieben in der ausgabe
von G. Rosenhagen, Deutsche texte des mittelalters
XVII, Berlin 1909, s. I ff. Ich habe hinzuzufügen, daß
er nicht mehr in pappband mit gelbem lederrücken,
sondern seit 1910—11 ganz in weißem schweinsleder
steckt und auf dem rücken oben in gold seine nummer 341
trägt. Vorn vorgeheftet sind zwei zusammenhängende
blätter starken weißgrauen papiers, das erste, mit der
vorderseite innen auf den vorderdeckel geklebt, trägt
auf der rückseite von der mitte an die moderne inschrift:
Cod. Pal. Germ. 341, Chart. Saec. XIV, Fol. 1*. 1—374.
375*. (NB: fol. 283 margo est resectus; fol. 370 columna
altera de consulto est ablata). Continet: sammlung
kleinerer gedichte von verschiedenen dichtern, bes. von
dem Stricker. F[inke]. Das zweite blatt hat vorn rechts
oben die neue bleistiftziffer 1*. Beide sind hinter 2
verheftet und an 3 angeklebt. Entsprechend zwei gleiche
papierblätter am schlusse (das erste 375*), ebenso befestigt
zwischen 370 und 371 und am hinterdeckel, auf dem
dann nochmals mit blei *Cod. Pal. Germ. 341.* Dies alles
geht nicht auf ältere einträge zurück.

Der eintrag auf 1ʳ oben *Allerley gedicht und Fabel*
rührt nicht aus dem ende des 16. oder anfang des
17. jahrhunderts her (Rosenhagen s. IV), sondern be-
zeichnete nach freundlicher mitteilung meines kollegen
Christ die hs. schon in dem 1555 entstandenen inventar
des Pal. lat. 1937, der die *Historiographi et Cosmographi*
katalogisiert, und zwar als die (alphabetisch) erste der
Mediani: 2ʳ *Allerley fabeln vnd gedicht reymen weiss*
auf Perment geschrieben. Das inventar bezieht sich
höchstwahrscheinlich auf die schloßbibliothek, die Ott-
heinrich (kurfürst 1556—59) bis zur fertigstellung des
neubaus seiner bibliothek einstweilen in der des stifts
zum Hl. Geist unterstellen ließ, von wo sie dann nach

seinem tode nicht zurückkam und der universität zufiel.
Unsere hs. wäre also wohl von privater kurfürstlicher
liebhaberei erworben (vgl. Christ, Die altfrz. hss. der
Palatina, Leipzig 1916, s. 5 ff.). Die katalognotiz von 1555
wird ergänzt durch das inventar von 1581: im Cod. pal.
lat. 1931 heißt es fol. 306ᵛ: *Allerley gedicht vnndt fabel.*
geschr. Perment. bretter, schwartz leder, bucklen. Ein
solcher einband könnte auf die sammlung Ludwigs III.
weisen (Wilken, Gesch. der heidelb. büchersammlungen,
Heidelberg 1817, s. 97, a. 6), von der die deutschen
hss. in dem schlosse auf dem Jettenbühel blieben, bis
Ottheinrich sie mit seiner übrigen bibliothek in die Hl.-
Geist-kirche bringen ließ (s. 104). (Ludwig war schirm-
herr des konstanzer konzils, also am mittelpunkt des
bücherverkehrs. Vgl. auch Burdach, Vorspiel, I, 2. 79 f.).
Doch auch Ottheinrich ließ so binden (s. 123 a. 30).
Allatius, der den palatinischen raub (1623) nach Rom ent-
führte, hat, sicherlich zahllose historische spuren zerstörend,
zur erleichterung des transportes allen hss. die einbände
abreißen lassen (Christ s. 24): da wird auch dieser ver-
nichtet sein Der heutige wäre also mindestens der dritte.

 P· ist eine sammlung von 213 gedichten auf 374
zweispaltigen blättern zu 40 zeilen, zusammengestellt
aus älteren sammlungen und einzelstücken, inhaltlich
etwa in sechs gruppen zu scheiden. Sie enthält zwei große
rasuren: 88c—93b oder, da zwei blätter ausgeschnitten
sind, 1002 zeilen, und 246a—249a oder, da zwei bogen
herausgenommen sind, 1128 zeilen.[1] Vier hände haben P
geschrieben: α die ersten sechs seiten — sie sind falsch
gebunden —, β anschließend. die hauptmasse bis 351
(so!) spalte a zeile 28, γ bis 372, δ 373—374 und die
wiederauffüllung der rasuren. Der Reinhart Fuchs,
nr. 60 der sammlung, reicht von 167c bis 181d, gehört
also β zu.

 b) Die Kalocsaer hs., cod. A¹ XI, jetzt nr. 1 der
Erzbischöflichen Bibliothek (K: Rosenhagen s. XVff.,
XXVIIf.) ist P nächst verwandt und gleich eingerichtet.

---

[1] Versehentlich sind auch die ersten vier zeilen der spalte
246ᵃ gleich mit radiert gewesen.

c) Rosenhagen stimmte der herrschenden ansicht zu, daß beide in derselben schreibstube aus denselben vorlagen abgeschrieben seien. O. R. Meyer sah (Der borte des Dietrich v. d. Glezze, Heidelberg 1915, s. 20), daß Pγ identisch ist mit dem schreiber von K. Zwierzina schreibt mir, daß K von einer hand herrührt, und beweist, daß K aus P abgeschrieben habe (vgl. auch AfdA. 42, 110 ff.), behält sich aber die öffentliche darlegung vor.

Aber es gibt stücke, in denen K völlig von P abweicht oder doch nicht aus P abgeschrieben haben kann. Das sind a) die auf den nachträglich vorangestellten blättern 1—21; b) diejenigen, die uns zweimal, in P und K, durch denselben schreiber γ erhalten sind; c) aber auch die der vorausgehenden (nach Rosenhagens zählung VI.) gruppe von gedichten, die noch β geschrieben hat; und d) unter den von δ auf rasur geschriebenen gedichten 41, 42 und 132 wenigstens das mittlere, wahrscheinlich auch das erste: für 132 fehlen mir die lesarten von K. Die abteilung b) umfaßt nachträge, besonders von stücken, die nach ausweis der reihenfolge von K mit unter der zweiten rasur gestanden haben und durch andere ersetzt waren (nr. 206. 210. 211). Auch c) enthält neben andern in nr. 201 einen solchen nachtrag. Was auf den dann noch übrigen 358 zeilen der zweiten rasur gestanden habe, wissen wir nicht. Und so sind auch a) und d) natürlich nachträge.

P ist also wenigstens von Rosenhagens gruppe VI (nr. 200) ab und in den auf dem vorstoß und auf rasur stehenden stücken nicht vorlage von K gewesen. Andrerseits tut Rosenhagen dar, daß K mehrfach für die reihenfolge in P maßgeblich geworden ist. Dies nebeneinander wird also in folgende zeitliche stufen aufzulösen sein:

P	K
1. α schreibt s. 1—6, β bl. 22a—343 d.	γ schreibt bl. 1—21, nicht nach P.
2. β schreibt den rest des vorstoßes bis 21 d.	γ schreibt P bl. 22—343 ab.

3. K verglichen, danach
rasuren für nr. 41—42
und 132 angeordnet, be-
ginn mit nachtragung des
an 2. stelle zu radieren-
den durch β: nr. 201.

4. β schreibt 202.

5. β schreibt 203.

γ schreibt 203, nicht nach P.
(γ schreibt 202: fehlt jetzt,
war aber nach dem alten in-
haltsverzeichnis vorhanden.)

6. γ trägt bl. 351 a—372 a
weitere stücke der
zweiten rasur und andere
stücke aus den quellen
nach: nr. 204—12.

7. δ radiert, füllt die
rasuren mit den nach
K dafür vorgesehenen
stücken und fügt auf den
beiden letzten blättern
wenigstens die radierte
Ritterfahrt an.

(Die Ritterfahrt ist eben-
falls verloren gegangen: wir
wissen nicht, ob sie von γ
oder etwa von δ und ob sie
nach P geschrieben war.)

Sie muß, wie sich aus den unter der rasur bl. 90 sicht-
baren resten ergibt, mit 12 zeilen unten auf dem vor
bl. 373 herausgeschnittenen blatte begonnen haben. Das
blatt hatte also davor noch 148 zeilen platz, d. h. zwei
mehr, als das einzige in P nach anfügung der nachträge
durch β und γ außer der Ritterfahrt noch fehlende stück
von K, das Wachtelmäre, in der fassung K zählt. Da
es in K unter den in P durch die zweite rasur ver-
schwundenen und nachgetragenen stücken steht und die
reihenfolge dieser stücke in P der in K entsprechen
würde, wenn wir es vor der Ritterfahrt ansetzen, so
hat diese ansetzung wohl einiges für sich.

Aber nicht nur in den nachträgen zu bl. 22 a—343 d
ist P nicht vorlage von K, auch unterschiede der reihen-
folge können mit selbständigkeit von K verknüpft sein.
Das wird z. b. für nr. 35—37 gelten. Es gilt aber auch
ohne das, z. b. für nr. 130. K konnte eben immer leicht

auch zu den am gleichen orte von P benutzten vorlagen greifen.

Es ist also mißlich, für irgendeins der gedichte, auch des ursprünglichen hauptstückes, von vornherein anzunehmen, daß K aus P fließe, und man darf nicht zugunsten dieser meinung die lesarten pressen, wie es v. Kralik AfdA. 42, 111 bei nr. 128 getan hat.

So ist für den RF doppelte vorsicht geboten: er steht in K an anderer stelle als in P, lag also wohl in einer einzelhs., nicht in einer sammlung vor, und er steht in K an richtigerer stelle, nämlich zwischen dem Pfaffen Amis und dem Bergmann, nicht zwischen frommen legenden.

Gleichwohl war P vorlage von K, denn es sind manche lesarten in K nur aus dem schriftbild von P zu erklären:

40 *riet*] Grimm *liet* mit *i* ohne punkt P *het* K; 236 *din* nachgetragen P fehlt K; 366 *lief balde unde gieng balde* mit zeichen am rande] P *lief unde balde gieng* K; 397 *ich bin list*[ic], *starc sit ir: leis* durchstrichen, am rande *list* P *ich bin stark so sit listig ir* K; 479 *niht* am rande mit zeichen P und so zum f. verse gezogen K; 1035 *daz* klein nachgetragen P fehlt K.

Es ergäbe sich also zugleich, daß K älter ist als die korrekturnachträge in P.

In der tat wüßte ich nur eine einzige lesart von K, die vorzuziehen sein könnte: 326 *valle* K *druck* P. Denn *valle* scheint gewährleistet durch den reim 331 und durch die regelmäßigkeit, mit der das wort in K (326. 331. 334. 351. 355. 363. 365. 375) gebraucht ist, während P 326 und von 363 ab *druck, druch* oder *druhe* daneben hat. Aber die regelmäßigkeit ist nur scheinbar, denn überall, wo K im versinnern das wort *valle* mit P gemeinsam und aus P hat (334. 351. 355), flektiert er mit P *vallen*, wo er es selbständig braucht, d. h. wo P *druch* hat, flektiert er *valle* (363. 365; 375 ist *valle* nom.). Er hat es also auch v. 326 für das unverständliche *druck* von P eingesetzt, die vorlage von P aber hatte beide worte.

632 *gelekt* K gegen *lecket* P und 2258 *sumeliche rime* K gegen *sumelicher rime* P sind wohl selbstver-

ständliche besserungen. Desgl. die herstellung des reimes
ungezeuge K (*ungezewe* P) : *urleuge* K 1065. (v. 1075
fehlt nach gütiger mitteilung des herrn bibliothekars
Winkler *urleuge* auch in K.)

Aber wenn man auch glauben wollte, hier habe K
einen blick in die sondervorlage getan, so wären doch
mit diesen lesarten die vorzüge von K vor P erschöpft,
und da auch unter den von Reißenberger nach voll-
ständiger kollation mitgeteilten abweichungen von K
keine sind, die der vorlage näher stehen müßten als P,
so entfällt jede veranlassung, über das mitgeteilte
hinaus K im kritischen apparat zu verzeichnen.

d) Nach sprachlichen wie inhaltlichen kennzeichen
ist die hs. P von Rosenhagen (s. XXIff.) und Bernt
(ZfdA. 52, 245 ff.) Böhmen zugewiesen, wo sie dann nicht
vor 1320—30 entstanden wäre. Böhmisch ist das Drahow
des Gänsleins (nr. 203), Dewin und Brandeiz in Der
Wiener meerfahrt (nr. 38), zum Iglauer bergbau gehört
der Bergmann (nr. 56); die Ritterfahrt führt in den
bereich des mächtigen geschlechts der Michelsberger.[1]
Dies letzte ‚gedicht ist das einzige in der hs., welches
zu einer geschichtlich bekannten person von höherem
range in beziehung steht. Es hat für die hersteller der
hs. eine besondere bedeutung gehabt, wie die geflissent-
liche einordnung ans ende und noch mehr die verlegung
dahin in P zeigt; es hat ferner höchstwahrscheinlich
als einzeltext vorgelegen; es ist wahrscheinlich, daß
man einen solchen nur da besaß, wo der autor und der held
zu hause waren, wo man also ein persönliches interesse
an dem gedichte hatte. So werden diese beiden hss. für
den Michelsberger selbst oder seine unmittelbaren nach-
kommen hergestellt worden sein' (Rosenhagen s. XXI).

In wahrheit ist weder der ursprüngliche platz noch
die verpflanzung an den schluß eine ehrung, zumal
wenn ohnedies am anfang der hs. erweiterungen vor-

---

[1] Kaum auch die Meerfahrt: auf dem zuvor michels-
bergischen Dewin saßen zur zeit des gedichts der pr̆emis-
lidische burggraf Herman (v. 32), zur zeit der hs. die Warten-
berger.

genommen wurden und die Ritterfahrt als einzelgedicht
vorlag, und es entsteht ein falscher gegensatz zu dem ver-
halten bei der zweiten rasur, wo es sich nicht wie bei
der ersten darum gehandelt habe, ein bestimmtes stück
herauszunehmen und an einen andern platz, sondern
ein bisher fehlendes gerade an diesen platz zu setzen.
Vielmehr hat die Ritterfahrt mit wenigstens einem schwank
ebenso wie die stücke der zweiten rasur deshalb von ihrer
alten stelle weichen müssen, weil sie gegenüber den
frommen gedichten, die sie dann ersetzten, minderes recht
hatte. Der ursprüngliche platz und das radieren spricht also
eher gegen die Michelsberger als besteller, und erst das
nachtragen durch ♂ könnte auf ihre rechnung zu setzen sein.

Auch die verstümmlung der Ritterfahrt um die zehn
anfangsverse soll auf die Michelsberger führen: Bernt
meint (s. 246), daß sie etwas dem schreiber (warum
hätte er sie dann geschrieben?) oder dem empfänger
anstößiges enthalten hätten, und E. Schröder stimmt
(Kl. dichtungen Konrads v. Würzburg, I, Berlin 1924,
s. XVII, a. 1) zu, indem er absichtliche verstümmlung
annimmt, weil die Ritterfahrt erstens auch in K be-
seitigt, zweitens in P radiert und drittens in P um den
anfang gebracht sei, und setzt daraufhin das gedicht
vor den tod des helden, des Johann v. Michelsberg,
im jahre 1305—06. Aber die rasur in P bedeutet
nicht beseitigung, das herausschneiden des blattes mit
den ersten zwölf versen nicht fortlassen (es kann
auch in dem übrigen inhalt des blattes begründet ge-
wesen sein: das Wachtelmäre könnte als ganz besonders
lächerlich einen liebhaber gefunden haben), und in
K fehlt nicht sowohl die Ritterfahrt, als der letzte
quaternio und damit auch das Herzemäre und ein teil
des Gänsleins.

Aber gerade bei absichtlichkeit wäre ja die beziehung
auf die Michelsberger besonders unwahrscheinlich, weil
schon das alte huldigende einzelgedicht diesen anfang
hatte, und nur deshalb spräche eine solche verstümmlung
nicht gegen die Michelsberger, weil der held nachher
doch (v. 290 ff.) mit allem pomp genannt wird.

Bei den Michelsbergern hält uns also zunächst nur ihr vorkommen in der Ritterfahrt, dies aber ist bei dem persönlichen inhalte des gedichtes von ganz besonderem gewicht. (Nur geschah, wenn der kodex ihnen zugehört, jenes herausschneiden nicht für sie.)

Aus der untersuchung der diphthongierung bei den schreibern der Meerfahrt (β), des Rädleins und Schretels (γ) und der Ritterfahrt (δ) gewinnt Bernt a. a. o. s. 251 das ergebnis: vertrautheit mit südböhmischem und mährischem schriftgebrauch oder südböhmische herkunft. Verbindet man damit, daß die hs. ‚kaum vor 1320—30‘ entstanden sein könne und daß seit etwa 1310 die Michelsberger nicht mehr auf dem nordböhmischen Dewin, sondern auf dem südböhmischen, halbwegs zwischen Budweis und der österreichischen grenze auf bairischem sprachgebiete gelegenem Welleschin residieren, so kommt man dazu, daß der sohn des gefeierten Johann, Benesch, ‚ein tapferer und einflußreicher herr‘ oder, nach seinem tode (zwischen 1322 und 1327) sein ‚nicht minder bedeutender‘ sohn Johann II. die hs. herstellen ließ.

e) Daß aber die bearbeitung des alten gedichtes nicht in P entstanden ist, ergibt sich schon daraus, daß v. 104 und 938 eine unverständlichkeit und v. 562 eine lücke der vorlage *P angedeutet wird.

Das äußere dieser hs. errechnet J. Grimm (Sendschr. s. 7 ff.) etwa so: S bewahrt v. 589—660, 697—980a, 1524—1796, 1831—1901, die einer fast gleichen verszahl in P entsprechen. Es fehlen also zwischen S 2 und S 3 etwa 543 verse, d. h. 16 spalten oder vier blätter oder zwei lagen, während uns zwischen S 1 und S 2 wie zwischen S 3 und S 4 nur je eine spalte entgeht. Vor S 2 (v. 697) würden also wenigstens drei lagen fehlen. Aber die böten für $3 \times 280 = 840$ verse, d. h. für 144 verse oder 1 blatt zuviel platz. Also ist die verszahl nach P um 144 (140) zu niedrig und die lücke beträgt ebensoviel verse, hätte also den umfang eines blattes von S. Die probe darauf wäre, daß die lücke in P hinter $562 = 4 \times 140$ ($+ 2$) fällt. P ginge also

auf eine hs. zurück, die dieselbe einrichtung hatte wie
S, das fehlende blatt wäre das fünfte, von S hätten
wir blatt 6 bc, 7—8, 13—14, 15 bc, und es fehlten bis
zum schlusse noch drei blätter, deren letztes nur noch
eine spalte schrift trug.

Wäre diese rechnung richtig, so hätten wir zwischen
der lücke und spalte 6 b nur die spalte 6 a, und das
müßten 35 verse sein. Es sind aber 27, nämlich
563—88 und 588^a (im reim auf 589).

Die 562 verse vor der lücke sind denn auch nicht
nur $4 \times 140 (+ 2)$, wie Grimm will, sondern auch
$5 \times 112 (+ 2)$, nicht nur 4 blätter = 16 spalten zu
35 versen, sondern auch 5 blätter = 20 spalten zu
28 versen. Danach wäre das fehlende blatt das sechste,
und wir hätten in 563—588^a die erste spalte des
siebenten, die um einen vers hinter dem durchschnitt
des anfangs zurückbliebe. Diese rechnung wird durch
das verhalten von K bestätigt. Hier ist die lücke um
10 verse, 553—62, vergrößert und ein freier raum von
drei spalten oder 120 zeilen gelassen. K sah also, durch
das lückenzeichen von P stutzig gemacht, die vorlage
ein und errechnete den verlust auf 110 verse, was
wiederum ein blatt mit vier durchschnittlich 28-versigen
spalten ergibt. Daß es sich in der tat um das fehlen
eines blattes handelt, folgt vielleicht auch daraus, daß
K mit 563 ein neues beginnt. Von 563 bis 2266 sind
es dann, wenn wir annehmen, daß sich auch in dem
verlorenen zusätze und abstriche von *P etwa die wage
halten, noch 1704 (mit den beiden schreiberversen 1706),
d. h. 63 spalten und ein rest von 3 versen auf der 64., wenn
wir auch weiterhin durchschnittlich 27 verse auf die
spalte rechnen. Nimmt man aber an, daß der gesamte
platz ausgenutzt sei — das lag in der hand des epilog-
dichters — so ergeben die 1706 verse auf 64 spalten
durchschnittlich 26,6 verse, eine zahl, die gegenüber 28
des anfangs, 27 nach dem ersten viertel, geringere
schwankung zeigt, als sich aus den spaltenzahlen in S
ergibt (s. XXX). Mit sp. 64 wäre dann zugleich nicht
nur blatt- und lagen-, sondern auch quaternionenschluß

erreicht, und das stimmt bestens zu der folgerung, die
aus der anordnung des RF in P und K zu ziehen ist
(s. XXXVI), daß nämlich *P eine einzelhs. gewesen sei. Es
war eine einzelhs. von $5 + 1 + 16 = 22$ blättern, davon
das sechste kenntlich fehlend, die dazu angenommenen
verszahlen $562 + 110 + 1704 = 2376$ ergeben für jede
der 88 spalten 27, d. h. die einzig nicht. errechnete
zahl (563—88ᵃ), von der wir ausgingen. Die hs. *P
hatte also nicht die einrichtung von S (Sendschr. s. 10),
hatte aber, nach dem verhalten von K 562 zu urteilen,
auch schon abgesetzte verse.

Sie war in der diphthongierung noch nicht so weit
vorgeschritten wie P, das verraten für *i* die lesarten
zu 397. 505. 998 (2051), für *û* 1902, für *iu* 63. Größere
altertümlichkeit ergibt sich auch aus dem nachfügen
der negation *n* 118, des präfixes *ge* 1822; umgekehrt
läßt der nachträgliche zusatz eines *k* an *danc : spranc*
277 das ältere ausl. *c* erkennen (vgl. 2094). Für die
zeitbestimmung von *P folgt daraus nichts, weil das alte
aus dem original stehen geblieben sein kann. Dasselbe
gilt für die obd. spuren: z. b. könnte man aus den les-
arten zu 1128 und 1420 *ô* für *â*, aus 373 und 487 f. *ch*
für *k*, aus 769 *ch* für affrikata, aus 1270 *ze*, aus 505 f.
wiste *P erschließen. Wäre das alemannisch wie die vorlage
von S oder bairisch? Aber es gibt md. spuren. Nicht
die zahlreich. erschließbaren tonlosen *i* (104. 113. 516.
900. 942; 1174. 1236), die auch in S auftreten. Aber
er = *her* 56. 75, die verlesung *der* statt *her* für *er* 529
und der *h*-ansatz vor *er* 1480 weisen auf *her* in *P
ver statt *vûr* 1796 läßt das Präfix *vur* in *P vermuten;
iz < *ir* 2024 führt auf besonders böhmisches *iz* der vorlage.

Nun ist der bearbeiter des alten gedichtes durch
v. Bahder Beitr. 16, 51 nach Nordbaiern, durch Zwier-
zina ZfdA. 44, 306² nach Baiern versetzt, wobei als
ausschlaggebend die beseitigung der *e : ä*-reime *knehte
: gebrehte* 1845, *reht : ubirbreht* 1871 anzusehen wäre,
die im bairischen keine reime sind. Wenn dagegen
der bearbeiter v. 785, um *scaden : drabin* zu beseitigen,
quam : nam einführt, so ist das wohl md. (Schirokauer,

Beitr. 47, 13ff.), desgl. *sân* 1189 (Ehrismann, AfdA. 26,
45ff.), und es gibt sich eine mischung zu erkennen, die
ausgezeichnet für Böhmen bairischer zunge paßt. *began*
> *begunde* (607) 653 würde ganz dem gebrauche Heinrichs
v. Freiberg entsprechen (Ed. Bernt s. 110f.).

Danach stünde nichts im wege, *P und die bearbeitung
gleich- und nach Südböhmen zu setzen. Wir tun das umso
lieber, als wir dann erstens in der nähe von P. und der
natürlich michelsbergischen Ur-Ritterfahrt bleiben, und
zweitens das errechnete zusammenfallen des epilog-
schlusses mit dem schlusse des letzten quaternionen sich
am ungezwungensten bei der originalhandschrift der be-
arbeitung erklären würde. Übrigens liegt es nach der
elefantenbelehnung (v. 2097ff.) ja nahe, daß man in
Böhmen und zumal beim adel an dem gedichte anteil
nahm. (Denn daß sie zusatz von *P wäre, ist durch die
rein formale art seiner bearbeitung und schon durch
die epilogverse ausgeschlossen.)

Zur zeitbestimmung von *P kann das beseitigen der
reime *b* : *d* (785. 1623), *b* : *g* (601. 621. 625. 767. 815.
817. 827), *d* : *g* (799. 877), *p* : *t* (1655), *m* : *n* (607. 773),
-*e* : -*en* (1547. 1554. 1609. 1885), -*âhe* : -*â* (747. 807),
-*âh* : -*â* (795. 969. 1689. 1699. 1729), *ôh* : -*ô* (797),
auch der rührenden reime (841. 875) zwischen Veldekes
zeiten und P kaum dienen, mindestens nicht in Böhmen
mit seiner späten blüte der mhd. dichtung. Ebenso er-
scheint die beseitigung voller ableitungs- und flexions-
formen (635. 698. 775. 821. 1561; 829. 879. 1557. 1617.
1645. 1697) selbstverständlich. Daß auch die *i* : *î*-
reime ausgemerzt sind (617. 657. 783. 875. 945. [975.]
1531. 1715), entspricht bairischer wie md. gepflogenheit
(Zwierzina, ZfdA. 45, 68f.).

Aber *P verwendet bereits die nhd. kadenz $\acute{\times}\times < \acute{-}\grave{\times}$ R
(*leide* statt *leidè*) wenigstens 2 mal in den 28 versen, die
man ihm mit leidlicher sicherheit ganz zuschreiben kann
(800f. 873f. 1625—28. 1887—89. 2249—65), und er
setzt sie oft in den von ihm bearbeiteten versen ein. Der-
gleichen gehört nicht erst dem 14. jahrhundert an: es ist
in Böhmen schon bei Heinrich v. Freiberg keine seltenheit,

auch in der Ritterfahrt kommt es vor (Bernt s. 130). Aber *P geht weit darüber hinaus. Auch in der zulassung von dreiern.[1]) Heinrich schrieb den Tristan um 1290, und das gedicht für die Michelsberger entstand etwa 1297. Wir kämen danach mit *P an und über die wende des 14. jahrhunderts, nicht, wie (ohne angabe von gründen) J. Grimm, Wackernagel, Schade, Leitzmann, zweifelnd auch Reißenberger ([2]s. 30) wollten, in die erste hälfte des 13. Nimmt man hinzu, was über die südböhmische heimat von *P und über PK ermittelt ist, so ist es vielleicht nicht mehr zu kühn, den neuen Reinhart Fuchs neben die Ritterfahrt und die beiden sammelhss. zu stellen und die Michelsberger zu auftraggebern zu machen. Da sie aber erst 1310 nach Südböhmen übersiedelten, bliebe für *P nur die zeit von etwa 1310—1330 (s. s. XXXIX).

3.

a) Die nächste annahme wäre dann, daß das vollständige S vorfahr von *P gewesen. Sie wird ausgeschlossen durch 632 *gelecket*] *geleidiget* S *lecket* P; 750 *gefrôs*] *gevroz* P, *gefror* S; 792 *sîn*] P *sich* S; 894 *lêren wol:*] P *wol leren* S; 930 *dir mîn*] P *dir mir* S; 947 *dir*] P *dich* S; 950 *dirs*] P *dirz* S; 1538 *vol*] P *wol* S; 1546 *sol iz*] *iz sol* P *suln ir* S; 1565 *wart*] P *war* S; 1566 *strebiter*] *stebiter* S *strebter* P; 1591 *den*] P *die* S; 1623 *biber*] P *bider* S; 1654 *ir*] P *er* S; 1691 *pfaffe*] P *gebur* S (*prestres* Ren), vgl. 1712. 1717. 1727; 1698 *in grôze*] P *inneuē ingroze* S; 1702 *sam*] P *sem* S; 1705/6] P *d'gebur für uf uñ irscricte* S; 1708 *nam er*] P fehlt S; 1841] P *ez … ein mist* S; 1886 *meister*] P *meistin* S u. a.

Mag hiervon dies und jenes naheliegende besserung von *P oder P sein können, die änderung der pfaffenin eine bauernerzählung (v. 1689ff.), durch den Renart und den reim 1727 gesichert, fällt auf die seite von S.

S und *P fließen also aus einer gemeinsamen quelle *SP.

---

[1]) Die nachweise in einem besonderen aufsatz über den versbau im RF: ZfdA. 63.

Sie hatte schon die fehler *wizzen* 931(?), auslassen des *en* 1654, *wan* 1681 und den üblen vierreim 869 ff., der *P schon zur bearbeitung vorlag und sich aus einbeziehung eines übergeschriebnen glossems erklärt (vgl. auch Wallner, Beitr. 47, 186):

> *sinen scaten sach er drinne:*
> *frowe Hersint*
> *er wânde iz were sin minne.*

Ein solches glossem aber wäre auch in der originalhs. möglich, desgl. der schreiberzusatz 2248 a b. Dann kämen wir über den archetypus *SP zu einem original O, und es gölte

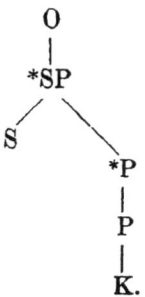

b) Als heimat von O ist aus den fremdwörtern und reimen, wie aus den anspielungen in v. 1024 ff. und 2120 ff. das Elsaß erschlossen (Reißenberger [2] s. 16 ff.), wie wir denn auch (s. XXXI) die vorlage von S als alemannisch bestimmt haben.

c) Die zeit des gedichtes hat man besonders der hilfe der episode v. 2097 ff. zu ermitteln versucht: mit elefant, am königlichen hofe, wird mit Böhmen belehnt, er, der *armman*, gewinnt fürstenamt, er reitet, vom könige gesendet, in sein land, er tut da die merkwürdige neuigkeit kund, aber er wird vertrieben und dabei geschlagen, daß er die rückkehr vergißt, und muß froh sein, das leben gerettet zu haben. Das paßt nicht auf Wladislaw II., der 1140 in Böhmen zum herzog gewählt, vom kaiser nur bestätigt wurde und 1142, um hilfe zu holen, kurze zeit das

land verließ (Bretholz, Geschichte Böhmens und Mährens,
1912, s. 234 ff.). Es paßt auch schon deshalb nicht,
weil die ereignisse zu weit zurückliegen: die Deutung
der meßgebräuche und die Makkabäer zeigen, daß
noch um 1160 die kunst im Elsaß weit tiefer stand als
die des RF. Es paßt auch nicht auf Sobieslaw II.
(Reißenberger s. 19), denn nicht er, sondern sein bruder
Udalrich wurde (1174) vom kaiser mit Böhmen belehnt,
und der trat dann die herrschaft an Sobieslaw ab; er
wurde auch nicht von den Böhmen vertrieben, sondern vom
kaiser abgesetzt durch die belehnung Friedrichs (1177
oder 1178, Bretholz, s. 270 f.). Erst auf diesen Friedrich
passen die angaben des Glichezares. Er war nach seiner
absetzung (1174) ein flüchtiger *armman*, er gewann sein
land mit der hauptstadt 1179 und war — ein ‚un-
geschickter fuhrmann‘ — schon im sommer 1182 durch
einen aufstand der böhmischen großen wieder vertrieben
(Bretholz s. 280). Das ist die obere zeitgrenze für
unser gedicht um so mehr, als der kaiser damals am
Oberrhein war und solche höfische kunde alsbald zu
dem dichter kommen konnte (Stumpf, Die reichs-
kanzler II, 389 f.: Urkunden d. d. Mainz 28. IV., und
31. V. 1182).

Die anspielungen treffen denn doch zu gut, als daß
man mit Wallner (Beitr. 47, 205 ff.) diese ganze be-
lehnungsgeschichte als ‚symbolisch‘ beiseite schieben
könnte. Das geht auch schon deshalb nicht, weil weder
Walther v. Horburg (1024 ff., vgl. Martin, Prager dt.
studien 8[1], 275 f.) noch die belehnung des kamels
(2120) symbolisch sind. (Denn es wird ja keinen glauben
finden, daß diese belehnung einführen züchtiger näh-
arbeit bedeute, weil das kamel in der Ecbasis die kleider-
und wäschekammer unter sich hat und im biblischen
gleichnis mit dem nadelöhr in beziehung gesetzt wird;
mit den griffeln der nonnen sei dann das trutlied-
schreiben gemeint: so Wallner, Beitr. 47, 216 ff.) Viel-
mehr ist an geschichtlicher deutung möglichst lange
festzuhalten, wenn auch die grundlagen für den hohn
des Glichezares schon in der früheren dichtung gegeben

waren (sclava potio, vinum Bohemum für prügel, li camels de Lombardie als rechtsgelehrter usw.).

Wenn das kloster Niedermünster das kamel im wappen führt, das nach der legende einst, mit kostbaren reliquien beladen, einlaß begehrte (J. Meier, Beitr. 18, 205 ff., F. Wolff, Das kunstgewerbe in Elsaß-Lothringen, Straßburg o. j. [1903], 3, 141 ff.),[1] wäre also eine nonne von Niedermünster mit Erstein belehnt worden. Niedermünster aber war nur ein teil von Hohenburg (Odilienberg), daher auch Niederhohenburg oder auf den siegeln der äbtissinnen noch 1264 und 1280 lateinisch inferius monasterium mit offenbarer beziehung auf das obere (F. Wolff, a. a. o. 142[7]) genannt und noch zu ende des 12. jahrhunderts unter derselben äbtissin (Roth, Alsatia 1856—57, s. 69 f., Grandidier, Alsatia sacra I, Colmar 1899, 145—48). Zu unsrer zeit regierte die berühmte Herrad von Landsberg († 1195), die nachfolgerin der Relindis († 1167), die eigens von Friedrich I. berufen war, die gesunkene zucht zu beleben. Es wird ausdrücklich hervorgehoben, daß Herrad dies werk fortsetzte und auch sonst mannigfach durchgriff (Chr. Schmidt, Herrade de Landsberg, [2]Strassburg o. j., s. 5 ff.). Ihr Hortus deliciarum enthält klagen über die eingerissenen mißbräuche der geistlichkeit und ein epigramm de vita pudica. Eine (bejahrte: v. 1440) nonne ihres kreises könnte aus Niedermünster nach Erstein entsandt und wieder vertrieben sein. Die Lombardei des Renart wäre eigens durch Tuschelan ersetzt, weil es sich nicht um eine päpstliche (Martin, a. a. o. s. 274 f.), sondern um eine kaiserliche parteigängerin handelt, und namentlich passen die griffel der Ersteinerinnen zu der besonderen art der belehnung durch überreichen eines buchs, die für Herrad und Hohenburg mehrfach bezeugt ist: 1178 und 1180 bei gründung der klöster St. Gorgon und Truttenhausen (Schmidt a. a. o. s. 10 ff.).

----

[1] Hier auch wiedergabe und erläuterung eines glasfensters mit dem legendarischen kamel nach einer zeichnung Hans Baldung Griens.

Von Erstein haben wir aus diesen zeitläuften, wie es scheint, nur eine urkunde (Scheffer-Boichhorst, Zur geschichte des 12. und 13. jhs., Berlin 1897, s. 354 ff.): Heinrich VI. schenkt am 17. IV. 1191 das kloster an bischof Konrad v. Straßburg, nimmt aber am 4. III. 1192 die schenkung zurück, *qua non est licitum, res ad imperium spectantes alienare absque imperii proventu et utilitate* (Straßburger urkundenbuch I, nr. 130). Man könnte annehmen, daß sich inzwischen die Ersteinerinnen erfolgreich gegen eine von Konrad geschickte äbtissin gewehrt hätten und daß das in unserm gedicht gemeint sei. Aber wenn man so den bischof für den könig setzt, raubt man dem witz des dichters die grundlage. Wenn man aber von Heinrich selbst eine päpstliche äbtissin eingesetzt sein läßt, als ein opfer für die kaiserkrönung (Martin a. a. o.), so fehlt dafür die grundlage überhaupt und das Tuschelan wird unverständlich. Auch kaiser Friedrich blieb nach dem frieden von Venedig (1177) fest auf seinen rechten, besonders in der abtwahl (Hauck, Kirchengesch. IV, 311 f.).

Überdies widerspricht, wie ich glaube, die untere zeitgrenze, die sich ergibt, wenn die elefantenbelehnung richtig bezogen ist.

Denn schon durch den Regensburger tag vom herbst 1182 wird der böhmische Friedrich wieder eingesetzt (Bretholz, s. 280), und bevor diese nachricht ins Elsaß gelangte, muß man unser gedicht verfaßt sein lassen, wenn man nicht will, daß der dichter sich selbst und sein werk verhöhnt.

Warum es damit zu spät angesetzt sein sollte (Reißenberger s. 20), wenn 1179 nicht zu spät ist, sehe ich nicht ein. Eine möglichkeit technischer vergleichung gibt im gebiete des Oberrheins erst wieder der kreis der dichter um Heinrich VI.: Hausen, Steinach, Gutenburg und der verfasser des Moriz v. Craon. Der älteste unter ihnen, Hausen, der seit 1171 bezeugt ist und 1190 bei Philomelium fiel, reimt noch schlechter als der Glichezare; der Gutenburger, noch um die jahrhundertwende bezeugt, schon besser, desgl. der kaiser selbst und der Craon-

dichter; aber in seiner datierung ist man ja noch nicht
einhellig. Steinach hat noch vor schluß des jahrhunderts
nur reine reime. Man würde also auch nach der reim-
technik etwa auf unser datum fallen.

4.

Dieses elsässische gedicht (O) des unbekannten spiel-
manns Heinrich der Glichezare, vermutlich 1182 ent-
standen, von dem archetypus unsrer hss. (*SP) kaum
noch zu trennen, erhielt in einer abschrift (S) einen
bairischen anflug; diese gelangte nach Hessen und wurde
dort im 16. jahrh. zerschnitten, so daß nur reste auf
uns gekommen sind. Ein bessrer text (für uns mit *SP
zusammenfallend) kam nach Böhmen, vielleicht weil man
in adelskreisen interesse an der elefantenbelehnung und
-vertreibung nahm, wurde zu anfang des 14. jhs. im
süden des landes, vielleicht zwischen 1310 und 1330
im auftrage der Michelsberger auf Welleschin, erneuert
und in einer einzelhandschrift, freilich schon eines blattes
beraubt, zwischen 1320 und 1330 vorlage der für die-
selben Michelsberger hergestellten großen sammelhss.
(PK). K scheidet als abschrift von P für uns aus.
P kam nach ausweis des alten einbands vielleicht unter
Ludwig dem Bärtigen, spätestens unter Ottheinrich in
kurfürstlich-pfälzischen besitz, 1555 in die Heidelberger
Hl.-Geist-bibliothek, 1623, ihres einbandes beraubt, in die
Vaticana, 1815, wohl schon neu gebunden, nach Heidel-
berg zurück, wo sie dann etwa 1911 abermals ihr gewand
gewechselt hat.

Diese ergebnisse sind vielleicht überschärft: um
so mehr können und sollen sie die elsässische und
böhmische lokalforschung und ihre besseren waffen
herausfordern.

III.

Für die herstellung des textes ergibt sich aus diesen
überlieferungsverhältnissen, daß wir den wortlaut des
originals nur innerhalb der bruchstücke von S zu gewinnen
hoffen können, wobei P den wert einer jungen umarbeitungs-

handschrift hat, und daß wir, auch wenn wir uns mit
herstellen von *P begnügen, nach maßgabe von v. 2250 ff.,
S nicht zum ‚verbessern‘ von P, nur etwa zur mithilfe
bei behebung offenbarer sinnlosigkeiten benutzen dürfen
(vgl. Leitzmann, Beitr. 42, 28f.). Wir haben mit anderen
worten für die herstellbaren strecken von O zwei hand-
schriften (S und P), für *P nur die eine (P), und es
werden zwei texte erforderlich: der bruchstücke und
der bearbeitung, wobei es ja unbenommen bleibt, ver-
mutungen über den wortlaut des verlorenen O zu wagen
(Leitzmann, a. a. o. 22 ff. und Wallner, Beitr. 47, 173 ff).

Ich deute dies verhältnis und daß es sich bei O
um eine rekonstruktion (wenn auch in den bescheidensten
grenzen), bei P um einen abdruck handelt, dadurch an,
daß ich dort akzente und hier keine setze. Ohnehin
würde hier akzentuierung mehr aussagen als wir können,
und ein umschreiben ins mhd. ein örtlich und zeitlich
wichtiges zeugnis des übergangs zum nhd. zerstören.
Vielleicht ergibt sich später, wenn die ganze sammel-
handschrift sprachlich untersucht ist (vgl. Bernt, ZfdA.
52, 245 ff.), die möglichkeit, die schreibereigenheiten ab-
zuziehen und so doch zu *P zu gelangen.

Normalisiert ist darin, daß die verse auch in den
bruchstücken abgesetzt sind und die worttrennung bis auf
die zusammenschreibung bei elisionen vor enklitiken mit
geschwächtem vokal und vor verbalpronomina (*begonder*)[1]
nach unserer weise geregelt ist, desgl. die schreibung
von *i* und *j*, *u* und *v*; für *vv* steht *w*, für $\bar{}$ *n*, für ^{5}*er*, für
hochgestelltes *a*, *e* und *i* *ra*, *re* und *ri*, für . *R*. *Reinhart*,
für *R*.$^{(t)e}$, *R*.$^{(t)is}$ usw., *Reinharte* usw., für *dc daẓ*, für
vñ unde (so daß also *und* des drucks einem *vnd* der
handschrift entspricht), für *ů* und *ŏ* in S lautgemäß
uo und *ou*, für ſ und *s* nur *s*; majuskeln nur in eigen-
namen (und da durchgeführt) und für die initialen (die
außerdem durch einrücken gekennzeichnet sind).

---

[1]) V. 987 und 1548 habe ich auch *hatin*, 834 *gerouwin*
verbunden geschrieben, um falsche auffassung zu verhüten.
trut + neve u. dgl. läßt verschiedene auffassungen zu: vgl. 1233
und 1620; ich habe nach der metrik gewählt.

Die eingeführte interpunktion empfinde ich trotz der anlehnung an die Lachmannsche art als unangenehme modernisierung: sie muß, wenn man sie überhaupt anwendet, schärfer und logischer scheiden, als der dichter oder bearbeiter beabsichtigte und der text eigentlich verträgt, der durch die reimeinschnitte der versenden leichter, gleichmäßiger und so zerlegt ist, daß die kola nach vor- und rückwärts beziehung haben können und ein zeichen erst bei enjambement erforderlich zu scheinen beginnt, während unsere zeichen mit ausnahme des doppelpunkts nach vorwärts abschließen: daher das überwuchern des doppelpunkts hier wie in andern interpungierten mhd. texten, daher auch die häufige verschiedenheit der interpunktion desselben textes (vgl. z. b. Reißenbergers ausgabe), die nur die wandelbarkeit der auffassung, nicht ihre fehlerhaftigkeit zu spiegeln braucht. Gleichwohl war ·natürlich in dieser textbibliothek interpunktion anzuwenden, und eher zuviel als zuwenig.

Der veranschaulichung dient auch der paralleldruck der beiden texte, der ja zu allerhand ‚übungen' herausfordert, und die anordnung der seiten, die nun spalten der Grimmschen rekonstruktion der gesamthandschrift S entsprechen, so daß sich die berechnung leicht nachprüfen läßt, ohne daß ein präjudiz für ihre richtigkeit außerhalb S gegeben wäre: auf diese berechnung beziehen sich die römischen zahlen und buchstaben am kopfe der S-seiten.

Die apparate kenzeichnen alle noch nicht genannten abweichungen des druckes von S und P, wobei die ·angaben unter P auch für S mit in betracht kommen. K ist nur in besonderen fällen angeführt. Auf änderungen und ergänzungen (hier nur bei völligem verlust) weist außerdem kursive, auf auslassungen und verderbnisse [], auf umstellungen⸱; $sp =$ von späterer hand. Verbesserungsvorschläge gebe ich nur in auswahl: die zahlreichen (der brüder Grimm, Haupts, Schönbachs und anderer), die den vers auf Lachmannsches maß zu bringen suchen, mußten außen bleiben, zumal (nach dem gesagten)

bei P; aber auch sonst sind sie oft übergangen, wo sie P
an S annähern sollen, . auf mangelhaftigkeit des text-
verständnisses zu beruhen scheinen oder das überlieferte
sich leicht halten läßt. In der tat sind nicht mehr viele
stellen zweifelhaft, die hauptarbeit hat bereits Jacob
Grimm getan, und alle unbezeichneten vorschläge und
im apparat nicht erwähnten ergänzungen sind von ihm.
Die La, H, Sch, R, Spr, vB, St, L, W, B bedeuten
Lachmann, Haupt, Schönbach, Reißenberger, Sprenger,
v. Bahder, Steinmeyer, Leitzmann, Wallner, Baesecke
(s. die literaturangaben s. XXVIII[1]); sie sind ein-
geklammert, wo ich in der wortgestaltung abweiche;
in der regel ist nur der erste gewährsmann genannt.
Einige male habe ich, wo die bisherige erörterung
schwierigkeiten oder mißverständnisse erkennen ließ,
aber auch bei eigner stellungnahme, kurze erklärungen
eingefügt.

Wer von S den reinen abdruck haben will, muß auf
J. Grimms Sendschreiben s. 13—32 und 107 verwiesen
werden und meine hier nachfolgenden abweichenden
lesungen in betracht ziehen:[1] 590a *beſcintiz* mit *ſ*;
598 *geſeit*; 599 ohne punkt; 604 *widere*; 620 A; 635
R ohne punkt; 639 *zoch er* trotz Gr. s. 107; 645 *R* rote
initiale; 655 roter punkt am schlusse; 658 *muodinc*]
oberer rest von *i* erhalten; 660 *aft* mit rest von *e*, nicht
von *i*; 704 *cehincit*; 709 *wende*; 712 A; 718 majuskel *S* in
Swaz; 725 *ſ. e*, lücke von einem buchstaben; 739 *sulin*]
reste von *ſ* und *l, in* sicher; 743 A; 753 *R^ū drivwe*;
754 *vñbaz*; 766 A; 771 schlußpunkt; 779 roter schluß-
punkt; 781 schlußpunkt; 790 *ge rietin*; 802 *ir hebit*;
803 *ovch*; 807 *in zwei*; 808 A; 809 A; 811 *en lie*;
867 A; 883 A; 883. 913. 929. 934 mit schlußpunkten;
934 *in gan*; 937 *alſin ſin* sind unverkennbar; 940 A;
942 *undirn*] auch das erste *n* in resten kenntlich; 943 *den*;
945 *al mittin*; 952 *indie*; 954 *wol geſunt*; 959 A; 974
geschehin] *i* fehlt mit lücke; 1532 *der kunic*; 1533 roter

---

[1]) Antiqua bedeutet: nicht mehr leserlich, A verweist auf
den apparat unterm texte.

punkt vor und hinter dem *R*; 1539 A; 1542 *wec-|ke*;
1545 *frunt*; 1551 *R* ohne punkt; 1567 *Der*; 1568f.
mit schlußpunkten; 1573 *ver nam*; 1581 A; 1589 A;
1614 *R* ohne punkt; 1623 A; *in ivvverre*; 1635 *ir bolgin*;
1639 *in mac*; 1640 A; 1646 *kā diebreht*; 1649 *Do*; 1652
en maht; 1660 schlußpunkt; 1666 *ſo fro*; 1675 A; 1676
R ohne punkt; 1685 A; 1688 *R* zwischen roten punkten;
1690 *die-brehte*; 1691 A; 1698 *ingroʒe*; 1702 A; 1711 A;
hinter 1717 und *R* 1725 roter punkt; 1728 ohne schluß-
punkt (oder er steht unter der roten majuskel); 1733 A;
1735 *clagite*; 1738 *R* zwischen roten punkten; schluß-
punkt; 1742 A; zu 1744— 53 vgl. den text; 1748 *tŭnne h*;
1759 *diett* und roter punkt; 1767 A; *R* zwischen roten
punkten: *.R.ᵗᵉ*; 1771 schlußpunkt; 1775 A; zu 1779—91
vgl. den text; 1783 *ſuherlīc, ſicherlīc*; 1795 *R* zwischen
roten punketn; 1835 rote initiale zwischen roten punkten;
1839 *R* zwischen roten punkten; 1840 A; 1844a und
1865 initiale mit rotem punkt; 1850 A; 1869 *geʒogin heit*;
1871 rote initiale; 1873 und 1892 *R* ohne punkt;
1892 *dᶜʀı* (ligatur ᴏʀ und 1 n-strich); 1898 *einēaltin*.
Für meine zahlreichen abweichungen von Grimms und
Reißenbergers P-lesarten verweise ich auf den apparat
zu P; ich habe die von Reißenberger hervorgehobenen
besonders beachtet. Die nachprüfung von K ist die
nächste aufgabe: die hs. muß so oder so aus ihrer
verbannung erlöst werden, wenn nicht durch photographie,
so doch durch einen vollständigen abdruck.

Georg Baesecke.

Text.

Vernemet vremde mere,
   die sint vil gewere,
von eime tiere wilde,
da man bi mag bilde
5 nemen umme manige dinch.
iz keret allen sinen gerinch
an trigen und an chundikeit,
des quam iz dicke in arbeit.
iz hat[ ] vil unchuste erkant
10 und ist Reinhart vuchs genant.
   Nu sol ich euch wizzen lan,
wavon die rede ist getan.
ein gebure vil riche
der saz gemeliche
15 bei einem dorfe uber ein velt,
da hater erbe unde gelt, | 167 d
korn unde hirsez genuc,
vil harte eben gienc sin pfluc.
der was geheizen Lanczelin,
20 babe Ruczela daz wip sin.
er hatte eine groze clage:
er muste hůten alle tage
siner hůner vor Reinharte.
sin hove unde sin garte
25 waz niht bezunet zu vrumen.
davon muster dicke kumen
zu schaden, den er ungerne sach.
babe Runzela zu im sprach:
‚alder gouch Lanzelin,
30 nu han ich der hůner min
von Reinharte zehen verlorn,
daz muet mich unde ist mir zorn.’
meister Lanzelin was bescholden
(daz ist noch unvergolden),
35 doch er des niht enliez,

---

ern tete, als in babe Runzela hiez.
einen zun machter vil gut,
darinne wander han behut
Scanteclern unde sin wip:
40 den *r*iet Reinhart an den lip.
eines tages, do die sunne ufgie,
Reinhart do niht enlie,
ern gienge zu dem hove mit sinnen:
do wolter einer unminnen
45 Scanteclern bereiten.
ouch brachte*r*n zu erbeiten.
der zun douht in zu dicke unde ze hoch,
mit den zenen er dannen zoch
*e*inen spachen unde *tuc*te sich do.
50 als er niman sach, des was er vro.
nu wanter sich durch den hag:
vil nahen er Schanteclere lag,
sin verchvint Reinhart.
die henne Pinte sin gewar wart,
55 Scantecler bi der want slief.
vor Pinte schre: ,*h*er!' unde rief | 168 a
unde vloch bi eine swellen
mit andern iren gellen.
Scantecler quam gerant
60 unde hiez si wider zu der want
strichen vil schire:
,irn durft vor keinem tiere
nimmer u*w*er warten
in disem bezuntem garten.
65 doch bitet got, vil liben wip,
daz er mir beschirme minen lip:
mir ist getroumet sware,
daz sagich euch ze ware,
wie ich in einem roten bellitz solde sîn,
70 daz houbetloch was beinein:

---

40 riet] het (*mit* i *ohne punkt*) P (*daher leicht zu lesen:*)
het *K.* 46 brachtern] brachten. 47 dicke·. 49 einen] *R*
Sinen *P* ein *Gr.* tucte] senete *P* acroupiz *Ren. II.* 59 sencte *Gr*
(*das zweite e ist nicht ,unsicher'*) smucte *Sch* denete *R* spehete
[sich] *vB* sancte *L* seinete *W. Vgl.* 910. 56 her] er.
63 uwer] *vB* uf er[warten] *PGrL.*

ich vurhte, daz sin arbeit.
dem heiligen engel sei iz geseit,
der erschein mirs zu gute!
mir ist swere ze mute.'
75 vrowe Pinte sprach: ,her unde trût,
ich sach sich regen in jenem chrût:
mich entrigen mine sinne,
hi ist ich enweiz was ubeles inne.
der riche got beschirme dich!
80 mir gat uber erklich,
mir grŏwet so, ich vurhte, wir
zu noten kumen, daz sagich dir.'
Scantecler sprach: ,sam mir min lip,
mer verzaget ein wip
85 danne tun viere man:
dicke wir vernumen han,
daz sich erscheinet, daz ist war,
manic troum uber siben jar.'
vor Pinte sprach: ,lazet ewern zorn
90 unde vliget uf disen dorn,
gedenket wol, daz unser kint
leider harte cleine sint!
verlusest du, herre, dinen lip,
so muz ich sin ein ruwic wip
95 und umberaten immer me:
mir tut min herze vil wundern we, | 168 b
wen ich so sere vurhte din:
nu beschirme dich unser trechtin!'
Scantecler uf den dorn vlŏch
100 (Reinhart in *sit* herabe trouch),
Pinte schire vliende wart,
under den dorn lief Reinhart.
Scantecler im ze hohe saz,
Reinhart begonde *uben baz*
105 sine liste, die er hat:

---

75 her] (*Gr*) er *P.* un.   76 ienē.   95 f. mer : wer: *die* r
nachgetragen. 99 Scanteler.   100 sit] *Sch fehlt P.* her: h *nach-*
getragen.   104 uben baz] in im (*kleiner geschrieben.*) daz *P*
nuwin baz *W.*

er sprach: ‚wer ist, der da uf stat?
bistu daz, Sengelin?'
‚nein ich', sprach Scantecler, ‚ich enpin,
also hiez der vater min.'
110 Reinhart sprach: ‚daz mac wol sin.
nu rewet mich dines vater tot,
wen der dem minnisten ere bot,
wan trewe undir kunne,
daz ist michel wunne.
115 du gebares zu untare,
daz sagich dir zware:
din vater was des minen vro,
ern gesaz sust hohe nie also,
gesaech er den vater min,
120 erne vluge zu ime unde hiez in sin
willekumen, ouch vermeit er nie,
ern swunge sine vitichen ie,
iz were spate oder vru,
die ougen teter beide zu
125 unde sang im als ein vrolichez hun.'
Scantecler sprach: ‚daz wil ich tun:
iz larte mich der vater min:
du solt groz wilkumen sin!'
die vitich begonder swingen
130 unde vrolich nider springen.
des was dem toren ze gach,
daz gerowe in sere darnach.
blinzende er singende wart,
bi dem houbete nam in Reinhart,
135 Pinte schrei unde begonde sich missehaben,
Reinhart tet niht danne draben | 168 c
unde hub sich wundern balde
rechte hin gegn dem walde.
den schal vernam meister Lanzelin,
140 er sprach: ‚owe der huner min!'

---

113 vnd ir.   118 er^n, *das* n *klein nachgetragen.*

Scantecler sprach ze Reinharte:
,war gahet ir sust harte?
wes lazet ir euch disen gebur beschelten?
mugt ir iz im niht vergelten?'
145 ,ja ich, sam mir, Reinhart,'
sprach er, ,ir gat ein uppege vart.'
Scantecler was ungerne d*a*,
als er im entweich, da wa*n*t er sa[ ]
den hals uz Reinhartes munde.
150 er vlouc zu der stunde
uf einen boum, do er genas.
Reinhart harte truric was.
zuhant Scantecler sprach,
do er Reinharten under im sach:
155 ,du hast mir gedinet ane danc:
der weck douchte mich ze lanc,
da du mich her hast getragen.
ich wil dir furwar sagen:
dune brengest mich dar wider niht,
160 swaz darumme mir geschiht.'
Reinhart horte wol den spot,
er sprach: ,er ist tumb, sam mir got,
der mit schaden richit,
daz man im gesprichit,
165 oder swer danne ist claffens vol,
so er von rechte swigen sol.'
do sprach Scantecler: ,er were
weiz got niht alwere,
swer sich behütete ze aller zit.'
170 do schiet sich der spot unde ir strit.
meister Lanzelin gienc da hernach,
Reinharten wart dannen gach.
im was ane maze zorn,
daz er hatte verlorn
175 sin inbiz, daz er wande han.

---

147 do.   148 *entwichen=nachgeben.* want er sa] wart er
sam vro.   153 Scanteler.

vil harte in hungern began.
   Do gehorter ein meyselin.
er sprach: ,got grüze euch gevater min!
ich bin in einem geluste,
180 daz ich gerne chuste,
wan, sam mir got der riche,
du gebares zu vremdicliche:
gevatere, du solt pflegen trewen!
nu müze iz got rewen,
185 daz ich ir an dir niht envinde!
sam mir die trewe, die ich dinem kinde
bin schuldic, daz min bate ist,
ich bin dir holt ane arge list!'
die meyse sprach: ,Reinhart,
190 mir ist vil manic ubel [ ]art
von dir gesaget dicke.
ich vurhte din ougenblicke,
di sint grülich getan:
nu laz si zesamen gan,
195 so kusse ich dich an dinen munt
mit gutem willen dri stunt.'
Reinhart wart vil gemeit
von der cleinen leckerheit,
er vreute sich vaste.
200 dannoch stunt sin gevatere ho uf einem aste.
Reinhart blinzete sere
nach siner gevatern lere.
ein mist si under irn fuz nam,
von aste ze aste sie quam
205 unde liez ez im vallen an den munt.
do wart ir vil schire chunt
irz gevatern schalkeit:
die zene waren ime gereit:
daz mist er do begripfte,
210 sin gevater im entwischte.

---

186 dinē kīdē.   190 hart.   200 einē.   205 un.   208 ime:
e *nachgetragen.*   209 *Vor* begr. *ansatz zu einem buch-*
staben, g?

er hat harte grozen vliz
um einen swachen inbiz.
des wart er truric un*de* unvro:
er sprach: ‚herre, wie kumt ditz so,
215 daz mich ein voglin hat betrogen?
daz muet mich, daz ist ungelogen.' | 169a
Reinhart kundikeite pflac,
doch ist heute niht sin tac,
daz iz im nach heile můge ergan.
220 do sach er vil ho stan
einen raben, der hiez Dizelin,
der hatte mit den listen sin
einen nĕwen kese gewunnen.
des begonder im ubel gunnen,
225 daz er in solde pizin an in.
do karter allen sinen sin,
daz ern im abe betruge
mit einer kundiclichen luge.
Reinhart under den boum saz,
230 da der rabe den kese uf gaz.
er sprach: ‚bist du daz, Dizelin?
nu vrewet sich der neve din,
daz ich dich bi mir han gesehen:
mir enmochte liber niht geschehen
235 an deheiner slachte dinge:
ich horte gerne din singen,
ob ez were dines vater wise:
der klafte wol ze prise.'
do sprach Dizelin:
240 ‚ichn schelte niht den vater min,
vurwar sagich dir daz:
izn gesanc nie dehein min vordern baz,
den ich tun, des bin ich vro.'
lute began er singen do,
245 daz der walt von der stimme erdoz.

---

213 un. 227 betr.: be *nachgetragen.* 236 din *nach-*
getragen P fehlt K. 237 dichob *K.* 245 erdoz: er *nach-*
getragen.

Reinhartes bete wart aber groz,
daz er erhorte sine wise.
do vergaz er uf dem rise
des keses, do er erhub daz liet.
250 done wande Reinhart niht,
er[] solde inbizin san zestunt:
der kese viel im vur den munt.
nu horet, wie Reinhart,
der ungetrewe hovart,
255 warb umb sines neven tot.
daz teter doch ane not. | 169 b
er sprach: ‚lose, Dizelin,
hilf mir, trutneve min:
dir ist leider miner not niht kunt:
260 ich wart hůte vru wunt,
der kese liet mir ze nahen bi,
er smecket sere: ich vurcht, er si
mir zu der wunden schedelich.
trutneve, nu bedenke mich!
265 dines vater trewe waren gut,
ouch hore ich sagen, daz sippeblut
von wazzere niht vertirbet.
din neve alsust erstirbet,
daz macht du erwenden harte wol,
270 vom stanke ich grozen kummer dol.'
der rabe zehant hinnider vlouc,
dar in Reinhart betrouc:
er wolde im helfen von der not
durch trewe, daz was nach sin tot.
275 Reinhart heschen began.
der rabe wolde nemen dan
den kese, er wandes haben danc.
Reinhart balde ufspranc,
gelich als er niht were wunt:
280 do teter sinem neven kunt

---

251 er] *B* ern *P.*   252 vur *über gestrichenem* vz. dem.
260 vru] vrowe.   266 *Zwischen* daz *und* sippe *zwei*(?) *buch-
staben* sp *übergeschrieben, desgl. über* e *von* sippe. blvt, *über*
v *ein* ˅ (sp?)   270 kv̄mer.   277 *Hinter* danc k *sp.*
278 *Hinter* spranc k *sp.*   279 gel.: *an* l *korr. sp.*

sin trewe (ern weste niht, was er an *im* rach)
vi*r* er im do uzbrach
der vedern, daz er im entran mit not:
de*m* neve*n* was Reinhar*t* ze rot.
285 do wolde *imbizen* Reinhart,
do was kumen uf sine vart
ein jeger mit hunden vil gut,
des wart truric sin mut.
er liez in suchen viere,
290 die vunden in vil schire.
den inbiz muster da lan,
sin neve solt in von rechte han.
do sprungen an in die hunde.
swaz sin neve kunde
295 *ge*tun, daz im tete we,
daz teter: vaste er uf in schre, | 169c
wan erzurnet was sin mut.
er sprach: ,daz ein gebur dem andern tut,
kumet dicke lon, des hore ich jehen:
300 neve, also ist euch geschen.'
Reinhart ume die hunde lief,
der rabe ouch die wile niht enslief:
er wisete die hunde uf sinen zagel.
ern dorfte niht haben erklichern hagil:
305 die hunde begunden in ruppfen,
der jeger vaste stoppfen.
do was im kundikeite zit:
er sihet, wo ein rone lit,
darunder teter einen wanc,
310 manic hunt daruber spranc.
der jeger hetz*te* balde,
Reinhart gienc ze walde.
    Die katze Diepreht im wider gienc,
Reinhart s*i* alumbevienc,
315 er sprach: ,willekume neve tusent stunt!

---

281 ɪ. 282 vir] qatre des penes *Ren. II. 991* (*R*) vil *PGr.*
283 mit: *ein* t *über* m, *ein zweites* sp *zwischen* i *und dem
ohne zwischenraum folgenden* not. 284 der neve. reinharte.
Vgl. 1463, 2172. 285 imb.] vlihen. 287 sin] EIn, I *nach-
getragen.* 290 vŭnden. 292 han: ha *korr.* 293 hônde
295 ge-] Ze. 311 hetze. 322 Reinhart·. 314 si] sa.

daz ich dich han gesehen gesunt,
des bin ich vro unde gemeit.
mir ist von dir snellekeit vil geseit:
daz solt du mich lazen sehen,
320 ist iz war, so wil ich iz jehen.'
Dipreht sprach do:
,neve Reinhart, ich bin vro,
daz dir von mir ist wol geseit,
min dinest sol dir sin bereit.'
325 Reinhart untr̆ewen pflac:
er wisete in, da ein druck lac
(iz was ein bose neveschaft):
,nu wil ich sehen dine kraft.'
iz was ein enges phedelin,
330 er sprach: ,nu louf, trut neve min!'
Dipreht weste wol die valle,
er sprach: ,nu beschirme mich sente Galle
vor Reinhartes ubelen dingen!'
uber die vallen begonder springen
335 unde lief harte sere.
an dem widerkere | 169 d
sprach zu im Reinhart:
,nie kein tier sneller wart
denne du, trut neve bist.
340 ich wil dich leren einen list:
du solt so hohe sprunge ergeben:
du maht verlisen wol din leben,
bestet dich ein stritiger hunt.
mir ist sustgetan geverte wol kunt.'
345 Diprecht sprach: ,du endarft noch niht jehen:
lauf nach mir, ich laz dich sehen
edele sprunge ane lygen.'
si wolden beide einander betrigen.
Reinhart lief sinem neven nach,
350 donen was dem vorderen niht gach.

---

328 sehē < sem.   347 lygen] y < v̊.

Dyprecht uber die vallen spranc
unde gestunt ane widerwanc,
an sinen neven stiez er sich
(deiswar, daz was niht unbillich):
355 der vuz im in die vallen quam.
Diprecht do urloup nam
unde bevalch in Lucifere.
dannen hub er sich schire.
Reinhart bleib in grozer not,
360 er wante, den grimmigen tot
vil gewislichen han.
do gesach er den weideman,
der die druch dar het geleit:
do bedorfte er wol kundikeit:
365 daz houb*et* er uf die druch hieng.
der gebur lief balde unde gieng:
die kele was im wiz als ein sne:
vumf schillinge oder me
wanter vil gewis han.
370 die axs er ufheben began
unde sluc, swaz er mochte erziehen.
Reinhart mochte niht gevliehen,
mit dem houbte wanckter hin baz,
an der zit teter daz.
375 der gebur sluc, daz die druhe brach,
Reinharte nie liber geschach: | 170a
er wonte han verlorn daz leben:
sine kel was um vunf schillige geben.
Reinhart sich niht soumte,
380 die herberge er roumte:
in duchte da vil ungemach.
der gebur im jemerliche nachsach,
er begonde sich selben schelden,
er muste mit anderm gute gelden.
385   Do Reinhart die not uberwant,

---

352 vnde *ausgeschrieben.*   365 houbet] hvb.   366 balde
mit zeichen am rande nachgetragen P lief unde balde gieng K.
373 wanckt: k<h.   376 geschach/.

vil schire er den wolf Ysengrin vant.
do er in von erst anesach,
nu vernemet, wie er do sprach:
,got gebe euch, herre, guten tac!
390 swaz ir gebietet unde ich mac
euch gedinen unde der vrowen min,
des sult ir beide gewis sin.
ich bin durch warnen her zu eu kumen,
wan ich han wol vernumen,
395 daz euch hazzet manic man:
wolt ir mich zu gesellen han?
ich bin listic, starc sit ir,
ir. mohtet guten trost han zu mir:
vor ewere kraft unde vor minen listen
400 konde sich niht gevristen:
ich konde eine burc wol zebrechen.'
do gienc Isengrim sich sprechen
mit sinem wibe unde mit sinen sunen zwein.
si wurden alle des inein,
405 daz er in zu gevatern nam do.
des wart er sint vil unvro.
Reinhart wante sine sinne
an Hersante minne
vil gar unde den dinest sin:
410 do hate aber er Ysengrin
ein ubel gesinde zu ime genumen,
daz muste im ze schaden kumen.
eines tages, do iz also quam,
Ysengrin sine sune zu im nam
415 unde hub sich durch gewin in daz lant.
sin wip nam er bi der hant | 170b
unde bevalch si Reinharte sere
an sine trewe unde an sine ere.
Reinhart warb umb di gevatern sin:
420 do hat aber er Ysengrin

---

386 den h wolf ysengrī. 390 geb.: g *korr.* 393f. kvm̄
: v'nvm̄.   397 listic: leis *durchstrichen, am rande* list *P*
stark so sit listig ir *K.*   398 ir] Ir, an I *korr.*   399 vn̄
vō.   403 sinē. zwe¹ṇẹ, *d. h.* zwein<zwenen.   411f. genvm̄
: kvm̄.

einen ubelen kamerere.
hi hebent sich vremde mere.
Reinhart sprach zu der vrowen:
‚gevatere, mochtet ir beschowen
425 grozen kummer, den ich trage:
von eweren minnen, daz ist min clage,
bin ich harte sere wunt.'
‚tu zu, Reinhart, dinen munt!'
sprach er Ysengrinis wip,
430 ‚min herre hat so schonen lip,
daz ich wol frundes schal enpern,
wold aber ich deheines gern,
so werest du mir doch zu swach.'
Reinhart aber sprach:
435 ‚vrowe, ich sol dir liber sin,
werez an den selden min,
danne ein kunic, der sine sinne
bewant hat an dirre minne
unde *dich* zu unwerde wolde han.'
440 nu quam er Ysengrin, ir man.
do tet der hobischere,
alse der rede niht inwere.
Isengrin ane roub quam,
der hunger ime die vreude benam.
445 er saget sinem wibe mere,
wie tewere iz an dem velde were:
‚mirn wart nie sulcher not kunt';
er sprach: ‚ieglich hirte hat sinen hunt.'
Reinhart einen gebur ersach,
450 davon in allen lieb geschach.
er trug einen grozen bachen,
des begonde Reinhart lachen.
er sprach: ‚hort her, er Ysengrin!'
‚was saget ir, gevater min?'
455 ‚mocht ir jenes vleischez iet?'

439 dich] (*Gr*)*vB* ouch *P*.   444 benā.   449 gebv̊r.

Ysengrin unde sine diet   170 c
sprachen gemeinlichen: ‚ja.'
Reinhart hub sich sa,
do der gebur hine solde gan,
460 einen vuz begonde er ufhan
unde sere hinken,
er liez den rucke sinken
recht als er ime were entzwei.
der gebure in vaste aneschrei,
465 den bachen warf er uf daz gras,
nach Reinhartes kel ime gach was,
sin colbe was vreislich.
Reinhart sach umme sich
unde zoch in zu dem walde.
470 Ysingrin hub sich balde:
e dan der gebure mochte wider kumen,
so hater den bachen genumen
und hat in schire vressen,
Reinhartes wart vergessen.
475 der gebure begond erwinden,
er wande den bachen vinden.
da sach er Ysengrin verre stan,
der im den schaden hatte getan.
done was sin clage niht cleine:
480 ern vant weder vleisch noch gebeine,
wen iz allez gezzen was.
nu viel er nider uf daz gras,
vil vaste klait er den bachen.
Ysengrin begonde lachen,
485 er sprach: ‚wol mich des gesellen min!
wi mochte wir baz inbizzen sin?
ich weiz im disez ezzens danch.'
do weste er niht den nachclanch.
Reinhart quam spilinde unde geil,
490 er sprach: ‚wa ist hin min teil?'

---

471 E/. kvm̄.   479 niht *am rande mit zeichen P, vor*
480 *K.*   488f. danch : clanch: *die* h *nachgetragen.*

do sprach Ysengrin:
vrege di gevatern din,
ob si iht habe behalten, des ir wart.'
,nein ich', sprach si, ,Reinhart,
495 iz duchte mich vil suze:
daz dir got lonen muze! | 170 d
unde zurne du niht,
wenne mirs nimmer me geschiht.'
,mich durstet sere' sprach Ysengrin.
500 ,wollet ir trinken win?'
sprach Reinhart, ,des gebich eu vil.'
er sprach: ,darumme ich wesen wil
din dinst, di wile ich han ditz leben,
macht du mir des gnuc gegeben.'
505   Reinhart hub sich durch liste,
da er ein munchehof weste,
mit im fur er Ysengrin,
vor Her[ ]sant unde die sune sin.
zu der kufen vurte si Reinhart.
510 Ysengrin da trunken wart,
in sines vater wise sanc er ein liet,
er versach sich keines schaden niht.
di den win solden bewarn,
di sprachen: ,wie ist ditz sust gevarn?
515 ich wene, wir einen wolf erhort han.'
do quamin schire sehse man,
der iglicher eine stange zoch.
Reinhart dannen balde vloch.
mit slegen gulden do den win
520 vor Hersant unde er Ysengrin:
man schenkete in mit unminnen.
,mochtich kumen hinnen,'
sprach er Ysengrin,
,ich wolde sin immer ane win.'
525 in was da misselungen.
uber einen zoun si sprungen,

---

505 liste.   508 Hersant] er in sant.   510 *Vor* tr. *rasur*
von zwei buchstaben, der zweite e.   511 sines: *am ersten* s
korr.   516 *Hinter* qvam *radiertes* en sc, *darüber* in.   521 in
< im.   522 kvm.

(daz tore was in verstanden),
si entrunnen mit schanden.
do clagt her Ysengrin
530 den schaden unde die schande sin:
im was zebluwen sin lip,
erdroschen was ouch wol sin wip.
sine sune was ez vergangen nieht:
si sprachen: ‚vater, iz was ein unzitick liet
535 unde alle die affenheit,
daz sol euch vurwar sin geseit.‘ | 171 a
Reinhart do zu in gie,
er sprach: ‚was ist dise rede hie?‘
‚weist got,‘ sprach Ysengrin,
540 ‚da habe wir viere disen win
vil teure vergolden!
ouch hant mich bescholden
mine sune, daz ist mir zorn:
min arbeit ist an in verlorn.‘
545 Reinhart zoch iz zu gute:
er sprach: ‚gevater, stewert ewerm mute:
ich sag euch gewerliche,
redet min pate tumpliche,
daz ist niht wunder, dezswar,
550 von deu er treit noch daz garce har.‘
    Do schiet Reinhart unde Ysengrin.
vil schire bequam Baldewin,
der esel, Reinharte.
er was geladen harte,
555 sin meister liez in vorgan.
Reinhart bat in stille stan,
er sprach: ‚sag mir, Baldewin,
durch was wilt du ein mudinc sin?
wie macht du vor le[ ]ste immer genesen?
560 woldest du mit mir wesen,
ich erlieze dich dirre not
unde gebe dir gnuc *untz an den tot* ....

---

529 der.   533 wol *nachgetragen.*   537 gienc, nc *feucht
ausgewischt.*   551 Reinhart: r < t.   559l leste] (*Gr*) leiste *P*.
562 gnvc ɩcˢ ✠.   *Danach zwei leere zeilen, zu anfang der
zweiten radiertes* Sinem (*vgl.* 563). untz — tot] (*R*) brot *Gr,
v gl.* 2151.

. . . .
sinem gevatern er entweich.
Isengrine von dem blute entsweich.
565 er sprach: ‚mich rŭwet min lip
unde noch me min libez wip,
die ist edel unde gut,
deswar unde hat sich wol behut
vor aller slachte uppikeit,
570 ir was ie die bosheit leit.
ouch rewent mich die sune min,
die muzen leider weisen sin,
wen daz di ein muter hant,
di vuret si wol in daz lant, | 171b
575 darzu ich guten trost han,
si nimet niht keinen andern man.’
    Dise clage gehorte Kunnin.
er sprach: ‚waz ist uch, her Isengrin?’
‚da bin ich vreislichen wunt’,
580 sprach er, ‚ich wene, gesunt
nimmer werde min lip,
vor leiden stirbet ouch min libez wip.’
Kunin sprach: ‚si entut:
si enhat sich niht so wol behut,
585 als ich dich iezu hore jehen:
ich han zwischen iren beinen gesehn
Reinhart hat si gevrit,
ichn az noch entranc siet:

---

*Über der seite (171 ab) kursiv sp (nicht die hand der
aufschrift auf 1r) vom fuchß vnd Eynem Eßel.*   571 sune
< sinne *durch rasur des* i.

[VIb] *mac* eht daz *gebriutet* sîn:
590 ez gie ûz *u*nde în
   a als ein bescintiz stabilîn?'
591   Îsingrîn hôrte mêre,
      diu wârin ime swêre.
      er viel vor leide in unmaht,
      er*n* wisse weder was dac oder naht.
595 des lachete Kuonîn.
      dô kan ze sich her Îsi*n*grîn.
      er sprach: ,scraz, ih han arbeit!
      darzuo hâst du mir geseit
      mit lugin leidiu mêre.
600 obe ich so gauch wâre,
      daz ich ez wolte gelouben,
      ez gienge dir an diu ougen:
      hâte ih dih hie nidere,
      du enkômist niemer wid*ere*!'
605 Kuonîn antwurte sus:
      er sprach: ,alter gouch du bist cus.'
      *I*si*n*grîn hûlen began.
      frowe Hersint schiere kam,
      also dâten ouch die sune sîn,
610 des frowete sich dô Îsingrîn.
      weinunde er zuo in sprach:
      ,alsus gerne ich iuch nie gesach,
      liebin sune unde wîb:
      iô hân ich verlorn mînen lîp!
615 daz hât mir Reinhart getân,
      daz lânt ime an daz lebin gân!
      darzuo hât mir Kuonîn
      genomen mînen sin:
      in mîneme grôzin siche*t*agen
620 *b*egunder mir ubiliu mê*r*e sagin:
      daz iuch Reinhart hâte bîgele*g*en.
      dâ hâte ich nâh verlorn daz *l*ebin.
      ez wâre mir vil swâre,

---

589 gebr.] *rasur von etwa acht buchstaben.*   594 er.
596 kan: *vielleicht ein letzter m-strich zerstört.*   620 beg.:
r < n.   622 ich *sp übergeschrieben.*   623 vil *übergeschrieben.*

mag daz gebru̇tet sin,
590 daz uz gat unde aber in?'

Isengrin horte mere,
die ime waren swere.
er viel vor leiden in unmaht,
ern wiste, ob iz wer tag oder naht.
595 des lachte Kunin.
do quam zu sich er Ysengrin.
er sprach: ,scoh, ich han arbeit!
darzu hast du mir geseit
mit lugene leide mere.
600 ob ich so torecht were,
daz ichz verware wolde han,
du mustiz mir din ougen lan,
unde hete ich dich hie nidere
du quemest nimmer widere!'
605 sust antwort im Kunin:
,ir sit ein tore, er Ysengrin.'
Isengrin hulet zehant.
vil schire quam vor Hersant,
also taten ouch sine sune do,
610 des was er Isengrin vil vro.
weinende er zu in sprach:
,alsust gerne ich euch nie gesach,
liben sune unde wip:
ich han verlorn minen lip! | 171 c
615 daz hat mir Reinhart getan,
daz lat im an sin leben gan!
darzu hat nu Kunin
genumen gar die sinne min:
in minen grozen sichtagen
620 begonder mir ubele mere sagen:
daz ir weret worden Reinhartes wip.
ich hatte verlorn nach minen lip.
iz were mir immer swere,

---

590 gat/.   593 ī *nachgetragen* (*also* leiden = leid in)?
619 sich sichtagen.

wan [VI c] daz man lugenâren
625 niht sol gelouben.
nû sehint, ih drie ime an die ougen.'
     Frowe Hersint dô sprach:
,ich bin diu Reinharten nie gesach
weiz‿got in drin tagen:
630 her Îsingrîn, ich sol iuch sagin:
lânt iwer âsprâchen sîn!'
dô wart gelecket Îsingrîn
beidenhalben, dâ er was wunt,
dô wart er schiere gesunt.
635 Reinhart zôch sich zuo vestîn:
er vorhte vremide gesti.
ein hûs worhte er balde
von eineme loche in deme walde,
dâ zôch er sîne spîse în.
640 eines tages dô gie Îsingrîn
wider daz selbe hûs in den walt.
sîn kunber der was manivalt:
von hungere leit er arbeit,
ein laster was im aber gereit.
645   Reinhart was wol berâtin:
dô hâter gebrâtin‿
âle, die irsmacte Îsingrîn.
er dâchte: ,ach ach, diz mac wol sîn
vil harte guot spîse.'
650 der trâs begunde in wîsin
vur sînes gevaterren ture.
dâ sazte sich Îsingrîn fure,
darîn er bôzen began.
Reinhart, der wunder kan,
655 sprah: ,wan gân ir von der ture?
dâlanc kumit nie man darfure,
daz wizzint wol, noh herîn:
war tuont ir muodinc uwerin sin?
wan varn hinnen scône?
660 ez ist dâlanc after nône ...

---

626 drie zu as. thrêgian, mnd. und md. driegen = drohen:
J. Meier zu Iolanthe 2247.   628 nie fehlt.   632 gelecket]
vB gelekt K lecket P geleidiget S.   641 daz] dc sp über-
geschrieben.

wen daz man einem lugenere
625 nimmer niht gelouben sol.
    ich trȯwete ime an *die ougen* [ ]wol.'
    vor Hersant do sprach:
    ,ich bin di Reinharten nie gesach
    weiz got bi drin tagen:
630 her Ysengrin, ich sol evch sagen:
    lazet ewer veltsprachen sin!'
    da wart *ge*lecket er Ysengrin
    beidenthalb, da er was wunt,
    do wart er schire gesunt.
635 Reinhart zoch ze neste:
    er vorchte vremde geste.
    ein hus worchte er balde
    vor einem loche in deme walde,
    da trug er sine spise in.
640 eines tages gienc er Ysengrin
    bi daz hus in den walt.
    sin kummer was manicvalt:
    von hunger leit er arbeit,
    ein laster was im aber gereit.
645 Reinhart was wol beraten:
    da hatte er gebraten
    ele, die smackete Ysingrin.
    er dachte: ,ah a, ditz mac vil wol sin
    ein teil guter spisen.'
650 der smack begond in wisen
    vur sines gevateren tur.
    da satzte sich her Ysengrin vur,
    darin er bozen begonde.
    Reinhart, *der* wunder konde, | 171d
655 sprach: ,wan get ir niht dannen stan?
    da sal talanc niman uzgan,
    daz wizzet ? wol, noch herin:
    war tustu mudinc den sin din?
    wan bern ir vil schone?
660 iz ist talanc affter none,

---

624 einem: *letzter n-strich nachgefügt.*   626 die ougen]
B trewen weizgot, *vgl.* ungezewe *1065,* weizgot *erklärung
von* an trewen.   631 veltspr.: *vgl. veltrede, veltwort.*
632 lecket *dahinter rasur? P* geleckt *R.*   647 ele/.   648 **aha**/.
650 beg.: n *korr.*   654 Reṅhart. der] *SR fehlt P.*   657 *Rasur
hinter* wizzet. wol noch] *SR* noch wol *P.*

24

wir munche sprechen niht ein wort
umbe der Nybelunge hort.'
‚gevater[ ]e,' sprach er Isingrin,
‚wilt du hi gemunchet sin
665 immer untz an dinen tot?'
‚ja ich,' sprach er, ‚ez tut mir not:
du woldes mir ane schulde
versagen dine hulde
unde woldest mir nemen daz leben.'
670 Ysingrin sprach: ‚ich wil dir vergeben,
ob du mir iht hast getan,
daz ich dich muge ze gesellen han.'
‚du macht mir lichte vergeben,' sprach Reinhart,
‚min leben werde vurbaz niht gespart,
675 ob ich dir ie getete einen wanc.
woldest du mirs wizzen danc,
zwei ales stucke gebe ich dir,
di sint heute uber worden mir.'
des wart Ysengrin vro.
680 wite begonder genen do,
Reinhart warf si im in den munt.
‚ich were immer me gesunt,'
sprach der thore Ysingrin,
solde ich da hin koch sin.'
685 Reinhart sprach: ‚des macht du gnuc han:
wilt du hie bruderschaft enpfan,
du wirdest meister uber di braten.'
da wart er san beraten.
‚daz lobich' sprach Ysingrin.
690 ‚nu stoz,' sprach er, ‚din houbt herin!'
des was Ysengrin bereit.
do nahet im sin arbeit:
darin stiez er sin houbet groz,
bruder Reinhart in begoz | 172 a
695 mit heizem wazzer, daz ist war,
daz vurt im abe hut unde har.

---

663 Gevater‘e.   673 spͨch.   686 enp *auf rasur, von* han?

[VII a] ‚wê!' sprach Îsingrîn.
         ‚wânit ir mit senft*in*
         paradîse bisizzin?
700 daz kumet von unwizzin:
    ir mugint gerne lîden dise nôt:
    gevatere, svenn ir ligent dôt,
    diu broderscaft ist also getân,
    an cehinz*ic* tûsint messin sulint ir hân
705 deil allirtagelîch:
    die von Citel fuorint dih
    ze frône himelrîche,
    daz weiz ich wârlîche.'
         Îs*i*ngrîn wênde, ez wâre wâr,
710 beide sîn hût unde sîn hâr
    ruwin in vil cleine:
    er sprach: ‚gevatere, nû sol gemeine
    die âle sîn, die dâ inne sint,
    sît wir wurdin gotis kint:
715 swer mir ein stucke versaget,
    ez wirt ze Citel geclagit.'
         Reinhart sprach: ‚ez ist dir unverseit,
    swaz wir hân, daz ist d*ir* gereit
    in bruodirlicher minne.
720 hie nist numme fisce inne:
    woltint ir *sam mir* gân,
    dâ wir einen wîger hân,
    dâ ist inne fisce d*iu* maht,
    ir kan niman wizzin aht;
725 die bruodir leiten sie drîn.'
         ‚wol hin!' sprach Îsingrîn.
    dar huobin sie sich âne zorn.
    ⸲ Der wîher was ubirfrorn.
    sie begunden daz îs scouwen:
730 ein loch was drîn gehauwen,
    dâ man wazzir ûz nam,
    daz Îsingrîne ze scaden kam.
         Sîn bruoder hâte sîn grôzin haz.

---

698 senftîn] *HSt* fenfte *ohne versschlußpunkt.*   704 cehin-
zit.   710 hut *sp übergeschrieben.*   712 gavatere, *über dem
ersten* a *ein zeichen (kleines hochgestelltes* e?).   718 dir] din.
720 nûme.   721 sam mir] *L* mit mir *P fehlt ohne lücke S;
vgl.* 1681.   723 din] d⸴.   727/28 *umgestellt B.*   732 kā.

Isingrin sprach: ‚ditz tut we mir.'
Reinhart sprach: ‚wenet ir
mit senfte baradys besitzen?
700 daz kumet von unwitzen:
ir muget gerne liden dise not:
gevater, swen ir liget tot,
di bruderschaft ist also getan,
an tusent messen sult ir han
705 teil allertegelich:
di von Zitias vurent dich
zu dem vrone himelriche,
daz wizze gewerliche!'
Ysengrin wande, iz were war,
710 beide sin hout unde sin har
rowe in vil kleine:
er sprach: ‚bruder, nu *sol* gemeine
die ele sin, di da inne sint,
sint wir sin worden gotes kint:
715 swer mir ein stucke versaget,
iz wirt zu Zitias geclaget.'
Reinhart sprach: ‚euch ist unverseit,
swaz wir han, daz ist euch bereit
in bruderlicher minne.
720 hie ist niht me vische inne,
wolt ir aber mit mir gan,
da wir einen tich han,
in dem so vil vische gat,
daz ir niman achte hat, —
725 di bruder hant si getan darin.'
‚wol hin!' sprach er Ysengrin.
dar huben si sich ane zorn.
der teich was ubervrorn.
si begonden daz is schowen:
730 ein grube was drin gehowen,
do man wazzer uz nam,
daz Ysengrine ze schaden quam.
sin bruder hatte sin grozen haz,

---

712 sol] *SR* sit *P.*   713 ele;.   732 quā.

[VII b] eines eimirs *ich* enweiz wer da vergaz.
735 Reinhart was frô, daz er in vant,
    sîme bruoder ern an den zagel bant.
    Dô sprach Îsingrîn:
    ,in nomine patris, waz sol diz sîn?'
    ,*ir* su*l*in den eimer hie înlân,
740 wan ich wil pfulsin gân,
    unde stânt vil sempfticlîche!
    wir werdin visce rîche,
    wande ih sihe sie durh daz îs.'
    Reinhart was lôs, Îsingrîn unwîs:
745 ,sage, bruodir in der minne,
    ist dehein âl hie inne?'
    ,iâ ez, tûsint, die ich ersehin hân.'
    ,daz ist mir liep, wir suln sie vân.'
    Îsingrîn pflac tumbir sinne:
750 ime gefrôs der zagil drinne:
    diu naht was kalt un*de* lieht,
    sîn bruodir warnete sîn niet.
    Reinhartis driuwe wârin laz:
    er gefrôs ie baz unde baz.
755   ,Dirre eimir swerit' sprach Îsingrîn.
    ,dâ hân ich gezellit drîn
    drîzic âle,' sprach Reinhart,
    ,diz wirt ein nuzze vart:
    kunnint ir stille gestân,
760 zehinzic wellint drîn gân.'
    Alsez do begunde dagen,
    Reinhart sprach: ,ich wil iuch mêre sagin:
    ich furhte, wir unsir gîticheit
    vil sêre engeltin, mir ist leit,
765 daz sô vil visce drinne ist:
    ich neweiz derzuo neheinen list:
    ir*n* mugint sie niht ûz erhebin,

---

734 ich] ift.   743 *An* fihe *scheint noch ein apsatz zu f
angeschlossen.   750 u. 754 gefror *S* (*Gr*), *vgl. P.*   766 ne
radiert oder nur abgerieben (falte im pergament).   767 irn] *B*
ir *S, vgl.* 118.

eines ei*m*eres niht er da vergaz: | 172 b
735 Reinhart was vro, daz er in vant,
sinem brudere er *in* an den zagel bant.
do sprach er Isengrin:
,in nomine patris, was sol ditz sin?'
,ir schult den eymer hi inlan,
740 wan ich wil sturmen gan,
unde stet vil senfticliche!
wir werden vische riche,
wen ich sehe si durch daz is.'
er Isengrin was niht wis:
745 er sprach: ,sage, bruder in der minne,
ist icht vische hinne?'
ja iz, tusent, di ich han gesehen.'
daz ist gut, uns sol wol geschen.'
Isingrin phlag tummer sinne:
750 im gevroz der zagel drinne:
di nacht kalden geriet,
sin bruder warnet in niht.
Reinhartes trewe waren laz:
er gevroz im ie baz unde baz.
755 ,dise eimer sweret' sprach Ysengrin.
,da han ich gezelet drin
drizick ele,' sprach Reinhart,
ditz wirt uns ein nutze vart:
kondet ir nu stille gestan,
760 hundert wollen iezu drin gan.'
als iz do begonde tagen,
Reinhart sprach: ,ich wil eu sagen:
ich vurchte, daz wir unser *gi*richeit
vil sere engelden, mir ist leit,
765 daz so vil vische dinne ist:
ichn weiz iezu deheinen list:
irn muget si, wen ich, erwegen:

---

734 Eineres *oder* Emeres.   736 im.   738 no̅ie.   763 gir.] *W*
richeit *P.*

sehint, ob ir sie [VIIc] mugint irwegin.'
Îsingrîn geriet zucken,
770 daz îs begunde drucken
den zagel, er muose dâ stân.
Reinhart sprach: ,ich wil gân
nâh unsirn bruoderin verheim:
dirre gewin wirt niht clein.'
775   Der dag begunde ûfgân,
Reinhart huob sich dannân.
Îsingrîn, der viscêre,
der vernam leide mêre:
er sach einen rîter komen,
780 der hâte hunde ze ime genomen.
Îsingrîne kom er ûf die vart:
daz fiscen ime ze leide wart.
der rîter hiez her Birtin,
an jagin kêrtir sînen sin.
785 daz kam herren Îsingrîne zc scaden:
ûf der vart begunder drabin.
als er Îsingrînen gesach,
zuo den hunden er dô sprach:
,zuo!' unde begunde sie scuffin.
790 sie gerietin in sêre rupfin.
Î[ ]singrîn beiz umbe sich,
sîn angist der was grôzlîch.
Hêrre Birtin kam gerant,
daz swert krifter mit der hant
795 unde irbeizte, des was ime gâch.
ûf daz îs lief er sâ,
daz swert huob er harte hô.
des wart der fiscêre vil unfrô:
799 er hâte ze vaste geladen:

802 swer irhebit, daz er niht mac getragen,
der muz ez under wegin lân:

versucht, ob ir si muget heruz gelegen.'
Isingrin *czochen* geriet,
770 daz iz wolde smelzen niet:
den zagel muster lazen stan.
Reinhart sprach: ,ich wil gan
nach den brudern, daz si balde kumen:
dirre gewin mag uns allen gefrumen.' | 172 c
775 vil schire iz schone tac wart,
dannen hub sich Reinhart.
Isengrin, der vischere,
der vernam vil leide mere:
er sach einen ritter kumen,
780 der hatte hunde zu im genumen.
er quam uf Isingrines vart:
daz vischen im ze leide wart.
der ritter her Birtin hiez,
dehein tier er ungelat liez.
785 ern Isingrine daz ze schaden quam:
die var er gegen im nam.
als er Isingrinen sach,
zu den hunden er do sprach:
,zu!' unde begonde si schuppfen.
790 do geriten si in ruppfen.
Isingrin beiz alumme sich,
sin angest was niht gemelich.
her Birtin quam gerant.
sin swert begreif er ze hant
795 unde erbeizte vil snelle.
uf daz is lief er ungetelle,
er hub do daz swert sin.
des wart vil unvro her Ysengrin:
er hatte vaste geladen,
800 daz quam im da zu schaden,
wen wir horen wise leute sagen:
,swer erhebet, daz er niht mag getragen,
der muz iz lazen under wegen.'

---

769 czochen] *B* kochen *P* zocken *Gr* zochen *Sp.* 773 f. kvm̄:
gefrvm̄.   783 hiez: h *korr., ansatz zu* w?   784 ungelat] *P*
ungelabet *(K)Gr* ungeletzet *Sch* ungeleidet *vB* ungejaget *RW*,
ungelâget *L, vgl. ZfdA. 45, 44 ff., Beitr. 47, 22, Paul, Mhd.gr.*
§ *92 f. zu gesat u. dgl.*   785 quā.   787 *Vor* isingr. *schon*
einmal angesetzt: ſ > I *und, angeschlossen,* ſ.

als waz ez ouch umbe [VIId] Isingrînen gethân..
805   Îsingrîn was besezzin.
her Birtin hâte ime gemezzin:
den rucke wolter ime inzwei slahin.
dô begunden ime die fuze ingân,
vonme sliffe er nider kam:
810   diu gletî ime den swanc nam,
umbe den sturz er niht enlie,
an den kniwin er wider gie.
diu gletîn im aber den swanc nam,
daz er heht ubir den zagel kam:
815   den sluoc er ime garwe abe.
sie irhuobin beide grôze clage:
Her Birtin dô clagete,
daz er vermisset habete,
ouch clagite sêre Isingrîn
820   den vil liebin zagil sîn:
den muoser dâ ze pfande lân.
dô huob er sich dannân.
Reinhart, der vil hât gelogin,
der wirt noh hûte betrogin,
825   doch gehalf ime sîn kundicheit
von nôtlîchir arbeit.
zuo einer cellin er sih huob,
dâ wiste er inne huoner genuoc.
daz inhalf in niht, weiz got:
830   sie was wol umbemûrôt.
Reinhart begunde umbe gân.
vor dem tor sach er stân
einen sôt dief unde wît,
dâ sach er în, daz gerouwin sît:
835   sînen scatin er drinne gesach.
ein michel wunder nû gescach,
daz der ergouchete hie,
der mit listen wunders vil begie.
Reinhart wânde sehin sîn wîb,

---

808 begunde: u < a.   809 fliffe. kā.   810 nā.   812 dem.
813 gletîn: n < m. dem.   836 gesach.

des muste ouch her Ysengrin nu pflegen.
805 Isengrin was besezsen.
er Birtin hatte im gemezzen,
daz ern uf den rucke solde troffen han.
do begonden im die vuze engan,
von dem slipfe er nider quam,
810 der val im den swanc nam.
umme den val erz niht enlie,
an den knien er do wider gie.
die glete im aber den slag verkerte,
daz er im den zagel vorserte | 172 d
815 unde slugen im gar abe.
si hatten beide groze missehabe:
do was hern Birtines clage,
daz er hat vermisset an dem slage,
ouch kleite sere her Isengrin
820 den vil liben zagel sin:
den muster do ze pfande lan.
dannen begonder balde gan.
    Reinhart, der vil hat gelogen,
der wirt noch heute betrogen,
825 doch half im sine kundikeit
von vil grozer arbeit.
zu einer zelle in sin wec trug.
da weste er inne hunere gnuc.
keinen nutz er des gevienc:
830 ein gute mure darumme gienc.
Reinhart begonde umme gan.
vor dem tore sach er stan
einen burnen, der was tief unde wit,
da sach er in, daz rowe in sit:
835 sinen schaten er drinne gesach.
ein michel wunder nu geschach,
daz er hergeczte hie,
der mit listen vil begie.
Reinhart wande sehen sin wip,

---

808 begonde. buze.   836 nu] me.   837 hergeczte: *zu*
ergeckezen, *s. vB Beitr. 16, 58 f. und v. 885*] her gente *PK*
ergente *Gr* sich verginte *SchR* ergecte *StL.*

840 diu was [VIIIa] ime lieb alsam der lîb,
    wan daz er sih doh niht wolte unthaben,
    ern muoste friundinne haben,
    wande minne gît hôhen muot:
    dâvon dûhte si in guot.
845 Reinhart lachete darîn,
    dô zannete der scate sîn.
    des wister ime michelin danch:
    vor liebe er in den sôt spranch.
    (durh starche minne det er daz.)
850 dô wurdin im diu ôren naz.
        In deme sôde er lange swam.
    ûf einen stein er do quam,
    dâ leiter ûf daz houbet.
    (swer diz niht geloubet,
855 der sol mir drumbe niht gebin.)
    Reinhart wânde sîn lebin
    weiz got dâ vursprungen hân.
    dô kam her Îsingrîn gigân
    âne zagel ûzer dem walde,
860 zuo der celle huob er sih balde.
    ern was noch‑niht enbizzin.
    ir suln vil wol wizzen,
    ein schâf hâter gerne genomen.
    unvirwânet *was er*‿kom*en*
865 uber den diefin sôt,
    des kom sîn lîb in grôze nôt.
        Îsingrîn darîn sach.
    nû vernement rehte, waz im geschah:
    sînen scaten sach er drinne:
870 er wânde, daz [frowe Hersint,]
    sîn [drût]minne,
    wâre [dârinne].
    Îsingrîn begunde daz houbet sîn
    vil dicke hebin ûz unde în:

875 daz selbe det derinne der schate sîn.
    des bechêrter sînen [VIIIb] sin.

851f. swā: quā.   857 kā.   859 dē.   864 **was er k.**⦄
La kom er *S.*   867 sach: ch *auf* nc.   870—72: *s. s.* XLlV.

840 die was im liep als der lip,
    unde enmochte sich doch niht enthan,
    ern muste zu der vrunden gan,
    wenne minne gibt hohen mut:
    da von douchte si in gut.
845 Reinhart lachete darin,
    do zannete der schate sin.
    des wester im cleinen danc:
    vor libe er in den brunnen spranc.
    (durch starke minne tet er daz.)
850 do wurden im die oren naz.
    in dem burnen er lange swam.
    uf einen stein er do quam,
    da leiter uf daz houbet.
    (swer des niht geloubet, | 173 a
855 der sol drumme niht geben.)
    Reinhart wande sin leben
    weiz got da versprungen han.
    her Ysengrin begonde dar gan
    ane zagel uz dem walde,
860 zu der celle hub er sich balde.
    er was noch niht enbizzen.
    ir sult vil wol wizzen,
    ein schaf hette er gerne genumen.
    des envant er niht. nu ist er kumen
865 uber den brunnen vil tief:
    do wart aber geeffet der gief.
    Isengrin darin sach.
    vernemt recht, was im geschach:
    sinen schaten sach er dinne:
870 er want, daz iz sin minne

    were, ver Hersant.
    daz houbet tet er nider zehant

    unde begonde lachen:
    semelicher sachen
875 begienc der schate da inne.
    des verkarten sich sine sinne.

---

857 versprungen] (S) W versprochen P.   861 er] ez
863 f. genvm̄: kvm̄.   870—72: s. s. XLIV.

frowen Hersinde begunder clagin
grôz laster unde scadin.
vil harte begunder hûlôn,
880 dô antwurte im sîn dôn:
sîn stimme diu hal in daz hol.
der sot was lechirheite vol,
daz wart vil sciere schîn:
Reinhart sprach: ‚waz mac daz sîn?'
885 Îsingrîn irgouchet wart:
er sprach: ‚bist du daz, bruoder Reinhart?
ich frâge dich in der minne,
waz du duost dârinne.'
er sprach: ‚mîn lîb ist dôt,
890 mîn sêle wunt âne nôt:
daz wizzent wârlîche,
ich bin in himelrîche,
mir ist diu scuole hinne bevolhen,
ich kan diu kint lêren ʒ wol.'
895 ‚Reinhart, mir ist leit dîn dôt.'
‚sô frowe ich mihs, du wonest mit nôt
in der werlte allerdagelîch,
ze paradysi bin ich
unde hân hie mêre wunne,
900 denne ieman irdenchen kunne.'
    Dô sprach Îsingrîn:
‚bruoder unde gevatere mîn,
wie ist fro Hersint dar komen?
ich hân seltin roub genomen,
905 si enhâte dran ir deil.'
Reinhart sprach: ‚ez waz ir heil.'
‚nû sage mir, gevatere guot,
wie ist sie umbe daz houbet so verbruot?'
‚daz duon ich drût geselle:

---

879 hûlôn: ó < e.   882 ſot *frz.* = *tor.*   883 ſcrere, r *korr.*
890 wunt: *vgl. 896.*   894 lêren wol] *vB* wol leren *S.*   896 mihs]
L miſ *S.*   908 verbrovt.

er begonde Hersante sin laster sagen
unde von sinem schaden clagen.
vil lute hulete Ysengrin,
880 do antwort im der don sin:
sin stimme schal in daz hol.
er was leckerheite vol,
daz wart vil schire schin:
Reinhart sprach: ,wer mag daz sin?'
885 Isengrin ergeczet wart:
er sprach: ,bist du daz, gevater Reinhart?
sage mir in der minne:
was wirbest du darinne?'
Reinhart sprach: ,min lip ist tot,
890 min sele lebet ane not:
daz wizze werliche,
ich bin hie in himelriche,
dirre schule ich hie pflegen sol,
ich kan di kint leren wol.' | 173b
895 er sprach: ,mir ist leit din tot.'
,ich vreu mich, du lebes mit not
in der werlde allertegelich,
zu paradyse han aber ich
michels mere wunne,
900 danne man irdenke[ ]n kunne.'
do sprach er Isengrin:
,bruder unde gevatere min,
wie ist ver Hersant herin kumen?
ich han selten *roub* genumen,
905 si enhette dran ir teil.'
Reinhart sprach: ,iz was ir heil.'
,saga, trutgevater' sprach er do,
,wi ist [ ]ir daz houbet verbrant so?'
,daz geschach ouch mir, trut geselle.'

---

877 begonde*j.*   878 sinē.   885 ergeczet] *B* ergetzet *P*
(c *und* t *sind kaum zu scheiden*), *vgl. 837.*   900 irdenkᵉin.
904 ruwe genvm̄: *vgl. S.*   908 dir.

910 sie det einen duc zuo der [VIIIc] helle:
daz hast du dicke wol vernomen:
zuo paradîse mac nieman komen,
ern muoze der helle bekorn:
dâ hât si daz houbethâr verlorn.'
915   Reinhart wolte dâ ûzze sîn.
sîniu ongen sach Îsingrîn:
,sage, bruoder, waz lûhtet dâ?'
Reinhart antwurte sâ:
,ez ist edil gesteine:
920 die karvunkele reine,
die dâ schînent als ein lieht,
der ensihest du dâ ûze nieht.
hie sint ouch kuoge unde swîn,
unde daz veizete scâfelîn
925 âne huote ez hie gât:
hie ist maniger slahte rât.'
        ,Mohtich iemir komen darîn?'
sprach der dôre Îsingrîn.
,du tuo, als ich dich lêre:
930 ich wil an dir mîn êre
bigân, nû phlic wizze[ ]:
in den eimer solt du sizzen.'
umbe den sôt was ez sô getân,
svenne ein eimer begunde îngân,
935 daz ein ander ûzgie.
Îsingrîn niht enlie,
als in sîn gevatere lêrte,
wider ôstert er sich kêrte,
(daz kam von unwizzen),
940 in den eimer gienc er sizzen.
Reinhart sîn selbes niht vergaz,
in den undirn er dô gesaz.
Îsingrîn, der den scaden nam,
sîme gevateren er bekam
945 rehte in almittin.

---

919 gesteîne   930 mîn] mir.   931 wizzen   936 liht.
939 kā.   940 sizzen: *das erste* z *aus* c.   942 in den *über-
geschrieben.* 943f. nā: bekā.

910 ,si tet einen tuc in die helle:
du hast dicke wol vernumen:
zu paradyse mag niman kumen,
ern muze der helle bekoren:
da hat si hut und har verlorn.'
915 Reinhart wolde da uze sin.
die ougen gesach im Ysengrin:
,saga, gevater, was schinet da?'
Reinhart antworte im sa:
,iz ist edel gesteine:
920 die kurvunkel reine
di schinent hi tag unde nacht,
da uze du ir niht gesehen macht.
hi sint ouch rinder unde swin
unde manic veiztez zickelin,
925 ane hute iz allez hi gat:
hi ist vil manger slachte rat.'
,mochtich immer kumen darin?'
sprach der tore Ysengrin.
,ja, du als ich dich lere:
930 ich wil an dir min ere
began, nu pflic witzen:
in den eymer salt du sitzen.'
umme den burnen was iz also getan,
so ein eymer begond ingan, | 173c
935 daz der ander uzgie.
Isengrin do niht enlie,
des in sin gevatere larte,
widir hoster her sich karte
(daz quam von unwitzen),
940 in den eimer gieng er sitzen.
Reinhart sin selbes niht vergaz,
in den andern er do saz.
Isengrin, der den schaden nam,
sinem gevateren er do bequam
945 mittene unde vur hinin.

---

912 kvm̄.   923 rinder/.   924 ve ᶻistez.   931 pflac˙
wiẑzen. *Vor* 938 *ein* ⨉. hoster = ôster, *vgl. v. 199, 2102 und*
L *Beitr. 42, 34ff.*   942 andern, *also erst* anderin *beabsichtigt?*

er sprach: ‚bruo[VIII d]der Reinhart, war sol ez
‚daz sagich dir gewârlîche: [gelobet sîn?'
hie ze himilrîche
soltu mînen stuol hân,
950 wandich dirs harte wol gan:
ich wil ûz in daz lant,
du verst dem diuvel in die hant.'
Îsingrîn gie an den grunt,
Reinhart ze walde wol gesunt.
955 vil harte irscaffen was der sôt,
ez wâre anders Îsingrînes dôt.
daz paradîse dûhte in swâre,
vil gern er dannen wâre.
    Die muniche muosten wazzer hân,
960 dô kam ein bruodir gigân.
er zôch die kurbin sêre:
der last dûhte in mêre,
denne er ie gedâte dâ.
uber den sôt gie er sâ
965 unde versuohte, waz ez mohte sîn.
dô sach er, wâ Îsingrîn
an deme grunde in deme eimere saz.
der bruoder was niut laz,
in die celle lief er sâ,
970 des wart deme bartinge gâch.
er sagete vremidiu mêre
des in deme sôde wêre:
‚Îsingrînen ich hân gesehin!'
die muniche sprâchen: ‚hie ist gescehin
975 gotis râche!' dô hubin sie sich.
daz wart Îsingrîne nôtlîch:
    Der briol nam eine stange
grôz unde lange,
ein ander nam ein cerzstal,
980 dâ wart ein michel gescal.
980ᵃ sie huoben sih ubir den sôt . . . .

---

947 dich.   950 dirs] P dirz S.   959 muosten: ſ < z.
960 kā.   977 nā.   979 and. zerc·ſtal.   980ᵃ sih *fehlt.*

er sprach: ‚Reinhart, wa sol ich nu sin?'
‚daz sagich dir gerwerliche:
hi zu himelriche
salt du minen stul han,
950 wan ich dirs vil wol gan:
ich wil uz in daz lant,
du *verst* dem teufel in die hant.'
Isengrin gieng an den grunt,
Reinhart vur ze walde wol gesunt.
955 vil vaste was erschophet der brunne,
iz were anders Ysengrine misselungen.
daz paradyse doucht in swere,
vil gerne er dannen were.
die munche musten wazzer han,
960 ein bruder begonde zu dem burnen gan.
er treib die kurben vaste
unde zoch an dem laste
me, dan er ie getete da.
uber den brunnen gienc er sa
965 unde versuchte, was iz mochte sin.
do gesach er, wa Isengrin
an dem grunde in dem eymer saz[ ].
der bruder was niht laz,
in die celle lief er geringe,
970 gach wart dem bertinge.
er sagete vremde mere,
daz in dem burnen were
Isengrin, wen her in hatte gesehen.
di munche sprachen: ‚hi ist geschen | 173 d
975 gotes rache' unde huben sich uber den *bru*nnen.
da wart Ysengrine misselungen:
der prior nam ein stange
vil groz unde vil lange,
ein ander nam daz kerzstal,
980 da wart ein vil michel schal.

---

952 verst] *S Sch fehlt P.*   967 saze.   975 burnen.

si sprachen: ‚nemet alle war,
daz er niht sin straze var!'
si zugen die churben umme.
Isingrin, der tumme,
985 der wart schire ufgezogen:
in hatte Reinhart betrogen.
der priol hatin nach erslagen,
das muste Isengrin vertragen.
Reinhart tet im mangen wanc,
990 daz ist war: wa was sin gedanc,
daz er sich so dicke trigen lie?·
diu *welt* st*un*t noch alsus [ ]ie,
daz manic man mit valscheit
uberwant sin arbeit
995 baz danne einer, der der trewen pflac:
also stet iz noch vil manchen tac;
gnuge jehen, daz untrewe
sei iezunt vil nĕwe.
weiz got, er si [] junch oder alt,
1000 manges not ist so manicvalt:
ditz geschach niemanne me.
unsern cheime ist so we
von untrewen, ern habe vernumen,
daz mangem ist ie vorekumen:
1005 Isengrin was in grozer not.
sie liezen in ligen fur tot.
der priol di platten gesach:
zu den munchen er do sprach:
‚wir haben vil ubele getan:
1010 eine blatten ich ersehen han
unde sag eu noch me:
ja ist nach der alden e
dirre wolf Ysengrin besniten.
owe, hette wir vermiten | 174 a

---

992 welt] *Sp* velt *P.* stunt] (*SpR*) stent *P, vgl. v. 996.*
ie] *Sch* hie *P, vgl. v. 1004.*   995 der / der.   998 sei: e<i.
999 gra *vor* junch *streichen GrR* granjunc L gransprunch *W.*
Vor 1001 daz er sprichet *Gr* d. e. waenet *SchR.* 1001 ‖ 1005.
1004 ie] *P* hie *GrR.* kvm̄.   1012 e/.

1015 dise slege, wan zeware,
er was ein reuwere!'
die munche sprachen: ,ditz ist geschen,
hette wirs e gesehen,
des mochte wir wesen vro.'
1020 dannen giengen si do.
hette Ysingrin den zagel niht verlorn
noch die blatten geschorn,
in hette erhenget daz gotes her.
von Horburc her Walther
1025 zu allen ziten alsust sprach,
swaz im ze leide geschach,
mit ellenthaftem mute:
,iz kumet mir als lichte ze gute,
so iz mir tut dehein ungemach':
1030 Isengrine alsam geschach.
do im die munche entwichen,
do quam er geslichen
hin zu dem walde.
do begonder hulen balde.
1035 also vor Hersant daz vernam,
vil schire si dare quam
unde sine sune beide.
do clagete er in von leide:
,liben sune unde wip',
1040 sprach er, ,ich habe minen lip
von Reinhartes rate verlorn:
durch got, daz lazet euch wezen zorn!
daz ich ane zagel gan,
daz hat mir Reinhart getan,
1045 deswar, an aller slachte not.
er betroug mich in den tot,
von siner untrewe groz
enphing ich mangen slac unde stoz.'

1018 e /.   1034 begonde.   1035 daz *klein nachgetragen*
P *fehlt K.*

der geselleschafte mocht niht me sin:
1050 Reinharte drewete der bate sin.
ir aller weinen wart vil groz,
hern Ysengrinen des bedroz:
er sprach: ,vrow Hersant, libes wip,
wes verterbet ir ewern schonen lip? | 174 b
1055 ewer weinen tut mir we,
so helf eu got, nu tut iz niht me!'
,owe, ich enmag ez niht ane sin:
mir ist leit, daz der man min
ane zagel muz wesen:
1060 wi sol ich arme des genesen?'
daz urleuge was erhaben,
Isengrin begonde draben
zu lage Reinharte,
er hub sich an die warte,
1065 wen swer mit ungezewe
erhebet ein urleuge,
der sol mit guten listen
sinen lip vristen.
dise unminne alsus quam.
1070 ein luchs daz schire vernam.
in mu̇te sere diser zorn:
er was von beiden geborn,
von wolfe unde von vuchse:
davon was dem luchse
1075 daz *urleuge* ungemach.
zu Isengrin er do sprach:
,trutmac, er Ysengrin,
wes zeihet ir den neven min?
ir sit min geslechte beide:
1080 vil gerne ich *euch* bescheide,
unde offent mir ewer clage:
so kumet iz zu einem tage.

1052 *Hinter* des *durchstrichenes* niht.   1065 ungezewe
(*zu zöuwen*)] *PSch* ungezeuge *K(GrR)*.   1075 url. *fehlt PK*.
1080 euch *fehlt P*.

swaz eu Reinhart hat getan,
des muz er eu zu buze stan.'
1085 do antwort im er Ysengrin,
er sprach: ‚vernim trut neve min,
iz wer lanc ze sagene:
ich han vil ze clagene,
daz mir Reinhart hat getan:
1090 daz ich heute ane zagel gan,
daz geschuf sin lip,
darzu warp er umme min wip
(mochter des unschuldic wesen,
ich liez in umb daz ander genesen), | 174 c
1095 versagen ich dir doch niht enmac,
ich wil dirs leisten einen tac.'
der tac wart gesprochen
uber drie wochen.
dar quam her Ysengrin
1100 unde brachte vil der mage sin.
ein teil ich ir nennen sol,
di muget ir erkennen wol.
daz was der helfant unde der wisen
(die douchten Reinharten risen),
1105 die hinde unde der hirz Randolt
(die waren Ysengrine holt),
Brun, der ber, unde *daz* wilde swin
wolden mit Ysengrine sin.
zu nennen alle mich niht bestat:
1110 swelh tier grozen lip hat,
daz was mit Ysengrine da.
(in were bezzer anderswa.)
Reinhart Crimeln zu im nam,
einen dachs, der im ze staten quam:
1115 hern gesweich im nie zu keiner not,
daz werte wan an ir beider tot.

1107 daz *fehlt.*

der hase unde daz kuneclin
und ander manic tierlin,
des ich niht nennen wil,
1120 der quam dar uzer moze vil.
Isengrin hatte sich wol bedacht,
hern Reizen hatte *er* dare brach*t*,
einen ruden vreslich:
uf des zennen solde sich
1125 Reinhart enschuldiget han,
den rat hatte her Brun getan.
si hiezen Reizen ligen vur tot:
do was nach uberkundigot
Reinhart, der vil liste pflac.
1130 Crimel sach, wa Reize lac,
er sprach: ,Reinhart, vernim mir,
gewerliche sagich dir,
du endarft mirs niht verwizen:
Reize wil dich erbizen: | 174 d
1135 kumet din vuz vur sinen munt,
dunen wirdest nimmer me gesunt.'
der luchs, der si brachte dar,
sprach zu Reinharte: ,nu nim war,
wi du zu unserme angesichte
1140 Isengrine getus ein gerichte,
daz du niht wurbes umb sin wip.'
,ich tun,' sprach er, ,sam *mir* min lip,
daz er gebe rede vil gut';
er sprach: ,were die werlt gar behut
1145 vor untriwen, als ich was ie!'
Reinhart sich sprechen gie:
sine mage bat er daruz gan.
,wizzet ir, was ich ersehen han?'
sprach er, ,Reize lebet: ich wil varen,
1150 got müze eu alle wol bewaren!'

1122 er *fehlt.* brach. 1128 nach: a < o. 1133 niht:
h *korr.* 1139 angesichte: c *auf anderm buchstaben,* e?
1142 mir] R *fehlt P.*

er hub sich uf daz gevilde.
do sprach manic tier wilde:
‚seht, nu vluhet Reinhart!'
Isingrine vil zorn wart,
1155 er hub sich uf sine spor.
ver Hersant lief im verre vor,
daz was vil ubele getan:
irn traut wolde si erbizzen han
durch ir unschulde
1160 unde durch Isingrines hulde.
Reinhart was leckerheit wol kunt:
siner amien warf er durch den munt
sinen zagel durch kundikeit.
zu siner burc er do reit,
1165 daz was ein schonez dachsloch,
dar fluhet sin geslechte noch:
da ernerte Reinhart den lip sin.
ver Hersant lief nach im drin
mit alle wan uber den buc:
1170 do gewan si schire schande genuc:
sine mochte hin noch her,
Reinhart nam des guten war:
zu eime andern loche er uzspranc,
uf sine gevateren tet er einen wanc, | 175 a.
1175 Isengrine ein herzenleit geschach:
er gebrutete si, daz erz ansach.
Reinhart sprach: ‚vil libe vrundin,
ir schult talent mit mir sin,
izn weiz niman, ob got wil,
1180 durch ewer ere ich iz gerne verhil.'
vern Hersante schande was niht cleine,
si beiz vor zorne in die steine,
ir kraft konde ir niht gefrumen.
nu sach Reinhart kumen

1157 vil vbel e/.   1171 *Vor* hin *durchstrichenes* hiṇ..
1175 herzen/.   1181 herschante/, ch *durch punkte getilgt.*

1185 Isingrin*en* zornicliche:
,mir ist bezzer, daz ich entweiche'
sprach Reinhart unde hub sich wider in.
mit Isengrine quamen die sune sin,
manic tier vreisam
1190 mit Ysengrine quamen dar san:
mit den mochte er bezeugen si[ ]t,
daz geminnet was sin libez wib.
Isengrin begonde weinen.
bi den hindern beinen
1195 wart ver Hersant uzgezogen.
,mich hat vil dicke betrogen
Reinhart,' sprach Ysengrin,
,daz wolde ich allez lazen sin,
wenne ditz ansehende leit,
1200 daz ist lanc unde breit.'
Reinhart gienc zu der pforten stan,
er sprach: ,ich han euch niht getan:
min gevatere wolde herin,
do hiez ich si willekumen sin,
1205 unde daz ich euch niht habe getan,
daz wil ich an minen paten lan.'
,entrewen,' sprach der bate *sin*,
,ichn mag sunere niht me ƺ gesin,
ich muz din vint sin durch not:
1210 in miner hant liget din tot.'
,neina, bate,' sprach Reinhart,
,so tetest du ein ubele vart:
izn wurde dir nimmer vergeben,
di wile du hetest daz leben, | 175 b
1215 und mustez sein zu allen stunden
mit ysen gebunden.'
Ysengrin sprach: ,desswar,
ver Hersant, nu sint iz siben jar,

1185 Isingrine. 1191 sint. 1197 Reinhart·. 1207 sin]
(vB) *fehlt P.* 1208 gesin *am schluß vB, hinter* mag P, *vgl.*
1049 f. 1210 der tot, *die punkte unter* der *fraglich, darüber*
zeichen und entsprechend am rande din. 1217 Ysengrin/.

daz ich euch zu miner e nam:
1220 da was manic tier lussam
unser beider kunne.
sint hatte wir entsamet wunne:
nu hat uns gehonet Reinhart:
owe, daz er ie unser gevatere wart!
1225 ichn mag ez nimmer werden vro.'
ver Hersant weinete do
unde hielte Ysengrin,
alsam taten ouch di sune sin.
daz laster musten si haben.
1230 do begonden si dannen draben,
vil zornic was ir aller mut.
Reinhart sprach: ,gevatere gut,
trut min her Ysengrin,
ir sult talanc hi sin,
1235 wolt ir aber hinnen gan,
so sult ir mine gevateren hi lan:
di sol von rechte hie wirtinne sin.'
des antwort im niht her Ysengrin.
  Ditz geschach in eime lantvride,
1240 den hatte geboten bi der wide
ein lewe, der was Vrevil genant,
gewaltic uber daz lant.
keime tier mochte sin kraft gefrumen,
izn mŭste vur in zu gerichte kumen:
1245 si leisten alle sin gebot,
er was ir herre ane got.
den vride gebot er durch not:
er wande den grimmigen tot
vil gewisliche an ime tragen.
1250 wie daz quam, daz wil ich euh sagen.
zu einem ameizenhufen *quam* er *ge*gan,
nu hiez er si alle stille stan

  1219 e/.   1227 hielte] *P* hiulte *GrR.*   1230 begonde.
1229 haben < han.   1231 mvt : v *korr.*   1241 vrevil·.
1243 f. gefrvm̄ : kvm̄.   1251 quam er] *B* wolder *P* was er *St.*
gegan] *St* gan *P, vgl. SP 858 und 960, P 785.*

4

unde sagte in vremde mere:
daz er ir herre were. | 175c
1255 des enwolden si niht volgen,
des wart sin mut erbolgen:
vor zorne er uf die burc spranc,
mit kranken tieren er do ranc:
in duchte, daz iz im tete not.
1260 ir lagen da me danne tusent tot
unde vil mange sere wunt.
gnuc bleibe ir ouch gesunt:
sinen zorn er vaste ane in rach,
die burk er an den grunt brach.
1265 er hatte in geschadet ane maze,
do hub er sich sine straze.
di ameizen begonden clagen
unde irn grozen schaden sagen,
den si hatten an irem chunne:
1270 z[ ]ergangen was ir wunne,
daz waz in ein jemerlicher tac.
der herre, der der burc pflac,
daz was ein ameyz vreisam.
do er uz dem walde quam,
1275 do vernam er leide mere:
daz sine burgere
den grozen schaden musten han.
er sprach: ‚wer hat eu ditz getan?'
di dannoch niht waren tot,
1280 di clageten vaste ir not:
‚wir sin von trewen darzu chumen:
wir hatten von Vrevele gar vernumen,
daz wir im solden sin undertan,
done wolde wir deheinen han
1285 *wan* euch, des muzze wir schaden tragen:
er hat uns vil der mage erslagen

1270 **zv** ergangen.   1272 der / der.   1282 v'nvm̄.
1285 **wan**] Von.

unde dise burc zebrochen.
blibet daz ungerochen,
so habe wir unser ere gar verlorn.'
1290 ,ich wolde e den tot korn!'
sprach ir herre unde hub sich zehant
nach dem lewen, biz daz er in vant
under einer linden, da er slief.
der ameyze zu im lief | 175d
1295 mit eime grimmigen mute:
er gedachte: ,herre got der gute,
wie sol ich gerechen mine diet?
erbizich in, ichn trage sin hinnen niht!'
er hatte mangen gedanc —
1300 mit kraft er im in daz ore spranc.
dem kunege daz zu schaden wart:
do gesach iz Reinhart,
der was verborgen dabi.
si jehent, daz er niht wise si,
1305 der sinen vient versmahen wil:
der lewe gewan do kummers vil.
zu dem hirne fur er uf die richte,
der kunic uferschricte
unde sprach: ,genedeger trehtin,
1310 was mac ditz ubeles gesin?
owe, daz ich mich versoumet han
gerihtes! des muz ich truric stan;
wen ez geschiht mir nimmer me.'
der lewe da vil lute schre.
1315 manic tier daz vernam,
daz vil balde dar quam,
unde sprachen: ,was ist eu geschen?'
er sprach: ,mir ist we, daz muz ich jehen.
ich weiz wol, iz ist gotes slac,
1320 wen ich gerichtes niht enpflac.'

1290/e,'. 1291 er. hub: *an* h *korr.* 1303 was: w < a.

einen hof gebot er zehant,
di boten wurden *ge*sant
witen in daz riche:
er wart nemeliche
1325 in eine wisen gesprochen
uber sechs wochen,
dane was wider niht.
an hochgestule man geriet,
daz was gut unde stark
1330 unde coste me dan tusent mark.
ich nenne euch, wer dar quam.
aller erste, als ich iz vernam,
daz pantyr unde der elefant,
der strauz, der wisent wol erkant. | 176a
1335 der hof harte michel wart:
dar quam der zobel unde der mart
unde der lewart snel
(der trůg ouf ein gůgerel),
beide der hirz unde der bere
1340 unde die mus unde der scere,
dar quam der luchs unde daz rech,
beide daz kuniclin unde daz vech,
dar quam di geiz unde der wider,
der steinbock hub sich hernider
1345 von dem gebirge balde,
ouch quam uz dem walde
der hase unde daz wilde swin,
der otter unde daz murmendin,
die olpente quam ouch dare,
1350 der biber unde der ygele ein schare,
der harm unde der eychorn
heten den hof ungerne verborn,
der ur unde Kunin,
der schele unde Baldewin,

1322 zesant.   1334 /wisent/.   1340 stere.   1349
olpente/.   1350 biber/. ygele/.   1351 harm/. Eychorn/.   *Vor*
1354 *am rande* +.   1354 schele/. baldewin/.

1355 Reize unde daz merrint,
 Crimil unde manges tieres kint,
 der ich genennen nicht enkan,
 wand ich ir kunde nie gewan,
 ver Hersant unde Ysingrin
1360 quamen dar unde die sune sin.
 der kunic gienc an daz gerichte sa.
 (Reinhart was niht ze hove da,
 sine vinde brachte er doch ze not.)
 der kunic selbe gebot,
1365 daz si ir brechten liezen sin.
 do suchte rechte er Ysengrin:
 eines vorsprechen er gerte.
 der kunic in eines gewerte.
 daz muste Brun, der bere, sin.
1370 er sprach: ‚herre, nu gert Ysengrin
 durch recht unde durch ewer gute,
 ob ich in missehute,
 daz er min muze wandel han.'
 der kunic sprach: ‚daz si getan.' | 176b.
1375 ‚kunic gewaldic unde her,
 groz laster unde ser
 claget eu her Ysengrin:
 daz er hute des zageles sin
 vor euh hi ane stat,
1380 daz was Reinhartes rat,
 des schamt sich vaste sin lip;
 vrowen Hersante, sin edele wip,
 hat er gehonet in dem vride,
 den ir gebutet bi der wide,
1385 daz geschach uber iren danc.'
 Crimel do herfure spranc.
 er sprach: ‚richer kunic, vernemt ouch mich!
 dise rede ist ungeloublich

1355 Reize/. 1359 hersant/. 1373 wādel: d < t? 1387
mich] m̄/.

unde mag wol sin gelogen:
1390 wi mochte si min neve genotzogen?
ver Hersant di ist grozer, dan er si.
hat aber er ᶜ ir gelegen bi
durch minne, daz ist wunders niht,
wan sulcher dinge vil geschiht.
1395 nu weste iz lutzel ᶜ iman hi:
ver Hersant, nu sait, wi
euch ewer man bringet ez mere?
daz mag euch wesen swere!
darzu lastert er sine kint,
1400 di schone jungelinge sint.
ich hore ouh uppiclichen clagen,
daz wil ich euh verwar sagen:
herre kunik, horet an dirre stat
schaden kisen, den er hat:
1405 unde hat hern Ysengrines wip
durch Reinharten verwert irn lip
so groz als umb ein linsin,
daz buze ich vur den neven min.'
Isingrin begonde aber clagen,
1410 er sprach: ,ir herren, ich wil eu sagen:
der schade beswert mir niht den mut
halp so vile, so daz laster tut.'
der kunic vragete bi dem eide
den hirz, daz ers bescheide, | 176c
1415 was darumbe rechtes muge sin.
Randolt sprach: ,her Ysengrin
hat vil lasters vertragen
(daz enmag eu niman widersagen)
mit grozen unmazen
1420 (ez sold in wol erlozen
Reinhart mit siner kundikeit),
herre, daz sol eu wesen leit!

1392 ir er (*vgl. 1291, S 1654*). 1393 wund'es, r *nachträglich
übergeschrieben.* 1395 lutzel iman] (*vB*) iman lutzel *P*.
1396 hersant: h *korr.* 1397 *Vor* man *zusammengeronnenes* m.
1412 so daz: s *korr.* 1416 Randolt/. sprach: s *korr.* 1420
erlozen: z *korr.* 1421 Reinhart/.

solder gehonen edele wip,
phy, was sold in dan der lip?
1425 ich verteil im bi minem eide
unde durch deheine leide,
wen von minen witzen:
ir sullet in besitzen,
unde muget ir in gevahen,
1430 so heizet balde gahen,
daz er werde erhangen:
so habt ir ere begangen.'
Der kunic was selbe erbolgen,
er sprach: ,ir herren, wolt irz volgen?'
1435 si sprachen ja alle nach,
zu Reinhartes schaden wart in gach.
iz enwiderredete nieman,
wen ein olbente von Thuschalan,
di was vrumic unde wis
1440 unde darzu vor alder gris.
die vuze leite sie vur sich
unde sprach: ,er kunic, vernemt ouh mih!
ich hore mangen guten knecht
erteiln, daz mich duncht unreht:
1445 sine kunnen sich lihte niht baz verstan.
bi dem eide wil ich uh zu rehte han,
swen man hi zu hove beclage,
ist er hie niht, daz manz im sage,
unde sol in dri stunt vurladen.
1450 kumet er niht vur, daz ist sin schade
unde sol im an sin leben gan.
bi dem eide ich ditz erteilet han.'
des wart Ysengrin unvro.
vil schire volgeten si do | 176d
1455 der olbente gemeine,
die tiere groz unde cleine.

_____

1444 mich] m̂.

dise rede gevur also.
Scantecler quam do
unde vor Pinte zware:
1460 si trugen uf einer bare
ir tochter tot, daz was ir clag,
di hatte an dem selben tag
erbizzen der rote Reinhart.
di bare vor den kunich wart
1465 gesetzet, des begonder sich schamen.
ditz was aber Ysengrines gamen.
Scantecler hub groze clage,
er sprach: ,kunik, vernim, was ich dir sage:
du scholt wizzen gewerliche,
1470 dir hȯnet Reinhart din riche,
des hat er sich gevlizzen:
owe, er hat mir erbizzen
mine tochter also gut!'
einen zornigen mut
1475 gewan der kunick here
(die clage mȯet iu sere)
unde sprach: ,sam mir min bart,
so muz der vuchs Reinhart
gewislichen roumen ditz lant
1480 oder er hat den tot an der hant.'
    Der hase gesach des kuniges zorn,
do want der zage sin verlorn
(daz ist noch der hasen sit):
vor vorchten bestunt in der rit.
1485 der kunic hiez singen gan
hern Brunen, sinen kappelan,
unde ander sine lereknaben:
der tote wart schire begraben.
der hase leit sich uf daz grab do
1490 unde entslief. des wart er harte vro,

1465 Gesetzet/. scha�m. 1466 gaͫ. 1480 *Vor* r *ansatz*
zu h. an/. 1486 hern: h *korr.* 1489 hase: h *korr.* grab: g
aus anderm buchstaben.

als ich euch sagen muz:
do wart im des riten buz.
der hase uferschricte,
vur den kunik gienc er enrichte | 177a
1495 unde sagte im vremde mere:
daz daz hun were
heilick vor gotes gesichte.
do lûte man inrichte.
si begonden allentsamt jehen,
1500 da were ein zeichen geschen,
unde erhuben einen hohen sanc.
des weste Reinharte niman danc:
si baten alle geliche,
daz der kunic riche
1505 dise untat vaste richte,
si sprachen: ,zu unserm angesichte
hat got ein zeichen getan:
Reinhart sold iz vermiden han,
daz er an alle missetat
1510 disen heiligen gemartirt hat!'
    Der kunic hiez sinen kapelan,
hern Brun, nach Reinharten gan.
des wolder weigern durch not,
doch teter, daz der kunic gebot:
1515 nach im gienge er in den walt.
(Reinhartes liste waren manicfalt,
des must engelden al daz lant.)
vor sinem loche er in do vant.
daz loch in einem steine was,
1520 da er vor sinen vienden genas.
der burck sprichet man noch,
so man sie nennet, Ubelloch.
Reinhart konde wol →

. . . . [XIIIa] enpfân
des rîchin kunigis capilân:
1525 er sprach: ‚willichomen edile scrîbârc,
nû suln ir mir sagin mêre,
wiez dâ ze hove stât:
ich weiz wol, ir sint des kuniges rât.'
‚Dâ bistu beclagit sêre:
1530 alse lieb dir sî dîn êre,
sô kum fur unde entrede dich,
daz gebûtit dir der kunic rîch.'
Reinhart sprach: ‚her capilân,
nû suln wir inbîzzin gân,
1535 sô vare wir ze hove deste baz.'
Reinhartis triwe wâren laz:
‚Einen boum waiz ich wol,
der ist guotis honiges vol.'
‚nû wol hin! des gerte ih ie.'
1540 her Bruon mit Reinharte gie.
er wîst in, dâ ein vilân
einen wecke hâte getân,
in ein bloch sêre geslagin
(der tievil hâte in dar getragin):
1545 ‚her capilân, lieber frunt mîn,
nû sol iz gemeine sîn,
unde werbint mit sinnen:
hie sint vil binen inne.'
umbe die binen er doch niht enliez,
1550 daz houbet er in daz bloch stiez.
Reinhart den wecke zucte,
daz bloch zesamene ructe:
Der capilân was gevangin,
er muose inbîzin lange.
1555 her Brûn der scrê: ‚oh! o!'

1538 vol] wol.   1539 *Vor* ie *rasur* (n?).   1546 sol iz]
vB fuln ir *S.*   1547 sinne, *über* e *n-strich des rubrikators.*
1550 blǔch.

enpfan
des richen kuniges kapelan:
1525 ,willekumen edler schribere!'
sprach er, ,nu saget mir mere,
wie iz da ze hove stat:
ich weiz wol, ir sit des kunges rat.'
,da bistu beklaget sere:
1530 also lieb so dir si din ere,
so kume vur unde entrede dich,
man hat nach dir gesendet mich.'
    Reinhart sprach: ,her kapelan,
nu sul wir enbizen gan, | 177b
1535 so vare wir ze hove dester baz.'
Reinhartes trewen waren laz:
,einen boum weiz ich wol
der ist gutes hôneges vol.'
,nu wol hin!' sprach er, ,des gertich ie.'
1540 her Brun mit Reinharte gie.
er wizet in, do ein villan
einen weck hat getan
in ein bloch unde hatin durchgeslagen
(der teufel hat in dar getragen):
1545 er sprach: ,liber vrunt min,
iz sol allez gemeine sin,
unde werbet mit sinnen:
hie ist vil binen innen.'
umb die binne ers doch niht liez,
1550 daz houbet er in daz bloch stiez.
Reinhart den wecke inzuckte,
daz houbet er im zedruckte.
der capelan was gevangen,
in mochte des ezzens wol belangen.
1555 er Brun schrei och unde o,

1540 Brun/.   1549 binne: *zum zweiten* n *neu angesetzt.*
1555 Brun/.

Reinhart sprach: ‚wie tuont [XIIIb] ir sô?
ich hâte iuch wol gewarnôt:
iuch duont die binen leider nôt.
inbizzint gemechlîche:
1560 der kunic ist sô rîche,
daz erz mir wol vergeltin kan.'
dô huob er sich dannân.
     Der capilân begunde sich clagin.
dô gehôrte er komin einen wagin,
1565 des wart sîn angist grôzlîch:
vil harte strebiter hinder sich.
der mit deme wagine in gesach.
nehein wort er do sprach,
ê er widir in daz dorf kam.
1570 ze der kirchen lief er unde nam
die glocgesnuore in die hant
1572 unde lûte, daz ez scal ubir alliz daz lant,
unde sturmde sêre. swer daz vernam,
vil sciere er zuo deme dorfe kam.

1577   Der gebûre sagite mêre,
daz ein ber wêre
in sîme bloche haft:
1580 ‚daz hât getân diu gotis craft!
vil wol ich iuch dar gewîsin kan.'
dâ huob sich wîp unde man:
daz wârin angistlîche dinc.
dô kam ein stolz spranzinc,
1585 dâ er den bern Brûnen vant,
einen burduz truoc er an der hant.
der capilân hôrte wol den dôz,

1559 gemechlîche] B gemetliche S gemelliche Gr.   1565
wart] B war S (vgl. 1588). 1566 ſtebiter. 1568 Hinter
wor ein loch. 1570 nā. 1573 vernā. 1580 getân fehlt.
1581 dar: ar < c.

Reinhart sprach: ‚wi tut ir so?
ich hatte uch wol gewarnet e!
euch tunt die bine wenic we:
nu ezzet gemeliche:
1560 der kunick ist so riche,
daz er mirz wol vergelten kan.'
do hub er sich balde dan.
    Der capelan begonde sich clagen.
do horter kumen einen wagen,
1565 des wart sin angest grozlich:
vil vaste strebter hinder sich.
do in der wagenman ersach,
dehein wort er me sprach,
e er wider in daz dorf quam.
1570 zu der kirchen lief er unde nam
die glocsnur in die hant
unde lutte die glocgen, di er vant,
vaste zu sturme, daz der schal
quam in daz dorf uberal, | 177c
1575 daz die gebure alle
quamen zu dem schalle.
der gebure sagte mere,
daz ein bere behafftet were
an meisters jagerschaft:
1580 ‚daz hat getan die gotes kraft!
vil wol ich euch dar gewisen kan.'
do hub sich wib unde man:
daz was ein engestliches dinc.
do quam ein kundic sprenzinc,
1585 da er h[]ern Brunen vant,
ein stangen truc er an der hant.
der kapelan horte wol den doz,

---

sîn angist der was [XIIIc] vil grôz.
die fnoze sazter an daz bloch sâ
1590 unde zôch sich ûz, doch liez er dâ
beide die ôren unde den huot:
daz honic dûhte in niht ze guot.
      Dannen huob sich der bote.
vernement von seltsâneme spotte!
1595 Reinhart vor sîner burc saz,
der lechirheite ime nie vergaz.
nû mugint ir hôren, wie er sprach,
dô er her Brûnen alse blôz sach:
er sprach: ‚gute her capilán,
1600 war hânt ir iwer huotelîn getân?
hânt irz gesezzit umbe wîn?
ôwî, daz lastir wâre mîn,
daz ir dâ sagetint ze hove mêre,
1604 daz ich bôse wirt wâre.’

1607   Her Brûn kan ze hove blôz,
dô wart sîn clage vil grôz.
dar kâmen tier gedrungen,
1610 alte unde junge,
unde scowitten die blattin breit.
dô clagiter die grimmen leit
deme kunige sîn capilân:
er sprach: ‚diz hât mir Reinhart getân!
1615 ich gebôt ime, kunic, fur dich:
drût hêrre, nu sich,
wie er mich hât gehandelôt:
mir wâre liebir der dôt!’
      Der kunic wart zornic getân
1620 umbe sînen drûtcapilân,

---

sin angest waß michel unde groz.
die vuze sazte er an daz bloch sa
1590 unde zoch sich ouz, doch liez er da
beide oren unde den hut:
daz hônich ducht in niht ze gut.
dannen hub sich der bote.
vernemet von seltzeme spote!
1595 Reinhart vor siner burck saz,
leckerheite er niht vergaz.
nu horet rechte, wi er sprach,
do er hern Brunen bloz gesach:
er sprach: ‚gut herre her kapelan,
1600 war habt ir ewern hut getan?
hat irn gesetzet umme win?
owe, daz laster were min,
daz ⁊ ir sait ze hove mere,
daz ich boser wirt were.'
1605   Er Brun vor zorne niht sprach:
wan daz er in ubellich anesach.
her Brun quam zu hove bloz,
sin clage wart michel unde groz.
do quamen die tyer gedrungen,
1610 die alden unt die jungen,
unde schoweten die blatten breit.
do klagte grundelose leit
dem kunege sin capelan:
er sprach: ‚ditz hat mir Reinhart getan! | 177d
1615 ich gebot im, kunic, vur dich:
trut herre, nu sich,
wie er mich hat bracht zu dirre not:
mir were liber der tot!'
der kunic wart zorniclich getan
1620 umme sinen kapelan,

ime wart [XIIId] sîn muot vil swâre.
waz drumbe reht wâre,
frâgiter zehant den biber.
1624 er sprach: ,hêrre, dâ nist niet wider:

1629 ich verteile ime lîp unde guot,
1630 unde swer ime deheinen rât duot,
der sol in iuwerre âhte sîn,
daz sprichich bî dem eide mîn.'
der hirz Randolt sprach: ,daz ist reht.'
es gevolgete manic guot kneht.
1635 der elephant sprach irbolgin:
,des wil ich niht gevolgin:
ein urteil ist hie vurkomen,
daz hânt ir alle wol vernomen,
die inmac nieman wenden:
1640 man sol nâch ime senden
botin unze an drî stunt!
der tivel var ime in den munt,
swer liege bî diseme eide
ieman zeleide!'
1645   Des wart dô gevolgôt.
des kam Diebreht ze nôt:
der kunic hiez in vur in stân,
er sprach: ,du solt nâch Reinharte gân!'
dô sprach Diebreht:
1650 ,hêrre, daz lân ich an reht:
er ist mîn liebir kunnelinc.'
,du enmaht durh dehein dinc
sîn uber werdin' sprach Randolt,
,ir ensint einandir doch borholt.'
1655   Der kunic gebôt im ez an den lîp.
Diebreht sprach: ,nû hân ich cît.'

1623 bider.   1640 nâch: a<n?   1646 kā.   1654 ir en-] B
er S, vgl. 1392 und 2112.

im wart der mut vil swere.
was darumme recht were,
vrageter den biber zestunt.
,herre, als mir darumme ist chunt,
1625 so sprich ich bi dem eide
nimanne ze libe noch ze leide
unde bi der trewe min,
daz hiwider niht sol sin,
ich verteil ime beide lip unde gut,
1630 unde swer im keinen rat tut,
daz man den ze echte tun sol,
des mugen dise herren gevolgen wol.'
Randolt sprach: ,daz ist recht.'
des volget manic gut knecht.
1635 der helfant sprach erbolgen:
,des wil ich niht volgen:
ein urteil ist hie vurkumen,
als ir alle hat vernumen,
daz inmac niman erwenden:
1640 man sol nach im senden
boten me dan dri stunt!
der teufel var im in den munt,
swer liege bi sinem eide
iman ze libe oder ze leide!'
1645 des volgten si, wan iz was reht.
des quam ze not her Dypreht:
    Der kunic hiez in fur sich stan
unde nach Reinharte gan.
do sprach Diprecht zustunt:
1650 ,daz lantrecht ist mir niht kunt:
herre, er ist min kullinc.'
,dune macht durch keine dinc
dises uber werden', sprach Randolt,
ir *en*sit einander enborholt.' | 178a
1655 der kunic iz im an den lip gebot.
Diprecht sprach: ,ditz tut mir not.'

1637f. kūm: vernūm.   1639 in-: *an* n *korr.*   1650 lan^t
recht.   1654 ir en-] B ir < in P.

er [XIVa] huob sich harte balde.
dô vant er in deme walde
sînen neven Reinhart,
1660 der kunde manigen ubil art.
nû hôrint, wie Reinhart sprach,
dô er sînen neven anesach:
er sprach: ‚willikomen sippebluot!
wie wê mir mîn herze tuot,
1665 daz du mich hâst vermiten sô!
ich newart nie gastes sô frô.'
    Diebreht sprach: ‚des habe danch!
ez dûhte ôh mih harte lanch.
der kunic hât mich ze dir gesant
1670 unde swert sêre, daz du ime daz lant
rûmist, kumistu vur niet:
ûf dich clagit alliu diu diet:
du hâst vil ubile getân,
daz du den capilân
1675 wider santest âne huot.'
    Reinhart sprach: ‚neve guot,
ichn gesach her Brûn zewâre
niht in diseme jâre,
wan dô mich jagite Îsingrîn:
1680 waz sagistu mir, neve mîn?
woltistu sam mir gân,
ich gêbe dir gerne, des ich hân:
ich hân hie ein ôde hûs,
dâ hân ich inne manige mûs
1685 gehaltin mînin gestin:
dâ nim du dir die bestin!'
    Diu naht was heiter unde lieht.
sînen neven Reinhart dâ verriet.
ze deme hûs fuorter in sâ
1690 (Diebrehte wart ze der spîse ze gâ),
dâ lac ein *pfaffe* inne,

1664 min *übergeschrieben.* 1675 âne: *an e korrigiert,
nachgefügt?* 1677 ichn] *P* ich *S.* 1680 waz] *B* wan *SP
Gr* wân *W, vgl.* wan *1679.* 1685 mînin: *das erste* i *aus* a.
1686 nī. 1691 lac: c < g *(radiert).* pfaffe] *P* prestres *Ren*
gebur *S.*

er hub sich harte balde.
do vant er in dem walde
sinen neven, der da hiez Reinhart,
1660 der hatte mange ubele art.
nu vernemet, wie Reinhart sprach,
do er sinen neven ansach:
    Er sprach: ‚willekume sippeblut!
vil we mir min herze tut,
1665 daz du mich hast vermiden so!
ich enwart nie gastes so vro.'
Diprecht sprach: ‚nu habe danc!
iz duncket ouch mich harte lanc.
der kunic hat mich zu dir gesant
1670 unde swert, daz du ime daz lant
rumest, kumestu vur nicht:
uber dich klaget alle dĩt:
du hast vil ubele getan,
daz du sinen kapelan
1675 wider santest ane hut.'
Reinhart sprach: ‚neve gut,
ichn gesach hern Brun zwar
nie in disem jar,
wen do mich jagt her Ysengrin:
1680 waʓ sagest du mir, neve min?
woldest du mit mir gan,
ich gebe dir gerne, des ich han:
ich han hie ein veste hus,
da inne han ich mange mus
1685 behalden minen gesten:
da nim du dir die besten!'
die nacht harte liecht wart.
sinen neven verriet do Reinhart.
    Zu dem huse vurter in do
1690 (Dyprecht was der spise vro),
da lag ein pfaffe inne,

1680 waz] *B* wan *PS.*

deme [XIVb] michel unminne
Reinhart hâte gitân:
daz muose ûf Diebrehten gân.
1695 einen stric rihter vur ein loch,
alsô duont gnuoge lûte ôch noh.
Reinharte was dâ gelâgôt,
des kam sîn neve [ ] in grôze nôt:
darîn was Diebrehte gâh,
1700 dô viel er in den stric sâ.
daz gehôrte des *pfaffen* wîp,
1702 siu sprach: ‚ûf, sam mir mîn lîp!‘

1705 der *heilige êwarte*
îlte vil drâte,
eine hepin *nam er* mit der hant
unde huop sich, dâ er Diebrehten vant:
er wânde, daz ez wâre Reinhart.
1710 Diebrehtin rou diu vart,
vil harte grogezende er screi.
der *pfaffe* sluoc die snuor inzvei:
daz kam von der vinsterîn.
Diebreht wolte dannin sîn,
1715 dem detir sciere vil gelîch:
wider ûz huob er sich.
Des *pfaffen* wîp dâ inne
irhuob ein unminne:
ze deme ôrin sluoc si in mit der hant;
1720 vil sciere siu ein schît vant,
dâmite zirblou siu ime den lîp,
wan Werinburc, daz kamirwîp,
sô hâtir verlorn daz lebin.
si sprah: ‚mir hâti got gegebin
1725 Reinharten, den hânt ir mir genomin.‘
‚frowe, ez ist mir ubile komin‘,
sprach der geberte *kapelân,*

1698 neue inneue ingroze.　1701 pfaffen] *P* geburiſ *S.*
1702 sam] *P* ſem *S.*　mîn: *an* m *radiert u. korrigiert.*　1705f.]
P d'gebur fûr uf uñ irſcricte*S.*　1707 nam er] *P fehlt S.*
1711 screi] i *angefügt.*　1712 pfaffe] *P* gebur *S.*　1713 kā.
1717 pfaffen] *P* geburiſ *S.*　1719 mit: *an* m *korrigiert u.*
radiert.　1723 verlorn: l < b.　1727 kapelân] *P* geburmā *S.*

dem michel unminne
Reinhart hat getan:
daz muste uf Diprechten gan. | 178b
1695 einen stric richter vur ein [ ] loch
daz tunt ouch gnuge leute noch.
Reinharte da gelaget was,
sin neve da mit not genas.
Diprechte was in den strick gach,
1700 nu was er gevangen nach.
daz gehorte des pfaffen wip,
si sprach: ,uf, sam mir min lip!
den vuchs wir gevangen han,
der uns den schaden hat getan!'
1705 der heilige ewarte
ilte vil drate,
eine kippen nam er in die hant.
unde hup sich, do er Diprechten vant:
er wante, iz were Reinhart.
1710 Diprechten gerow die vart,
vil vaste worgende er do schrei.
der pfaffe sluc di snur enzwei:
daz quam von den vinsterin.
Diprecht wolde dannen sin,
1715 dem teter wol gelich zehant:
wider uz quam er schire gerant.
des pfaffen wip darinne
erhub ein unminne:
zu dem oren sluc si in zehant;
1720 vil schire si ein schit vant,
damite zublou si im den lip,
nuwere Werenburc, sin kamerwip,
so heter verlorn sin leben.
si sprach: ,mir hat got gegeben
1725 Reinharten, den hat er mir benumen.'
,vrowe, iz ist mir ubel kumen',
sprach der geberte kapelan,

1695 loch] *Mhd. Wb.* hol loch *P.*   1699 gach *auf rasur.*
1705 e/ warte.   1718 unm.: *zwei n-striche zu wenig.*   1722
nuwere] *B* vn̄ were *P* wan *Gr.*   1725 benv̄m.

nû lânt [XlVc] mih iwer hulde hân!'
Diebreht lie die mûse dâ,
1730 dannân wart ime harte gâ.
dô lief er al die naht
wider ze hove mit grôzir maht.
er vant den kunic des morgenes fruo,
mit sîme stricke gie er dazuo.
1735 dô clagite vil harte
Diebreht von Reinharte.
er sprach: ‚kunic, ich was in nôt:
mir wolte Reinhart den dôt
frumen in iwir botescaft,
1740 dô beschirnde mih diu gotis craft.
hêrre, ich unde iwer capilân
suln nimmê nâh ime gân.'
Den kunic muote *diu* clage,
ouch swar in sîn *sie*chetage.
1745 der zorn gie ime *harte nâhen.*
*[do erscrac]*te er die *[ez sâhen.*
er gebôt dem ebire,] daz er im *[sagete,*
waz er ze] tuonne h*[abete,]*
daz sîne boten âne nôt
1750 *wâren sus* gehandelôt.
ʳrzurnet was des ebires m*uo*t,
er sprach: ‚ich verteile ime êre *unde guot*
unde ze âhte sînen lîp
unde ze einer witewen sîn wîp
1755 unde ze weisin diu kint sîn.'
‚des gevolgich' sprach Îsingrîn.
Der kunic frâgite alumbe
wîse unde tumbe,
ob sies wolti[ ] gevolgin diu diett.

1733 den] d ͤe.   1738 mir *übergeschrieben.*   1742 nīme,
der i-strich (lang) nachträglich.   1744 ſiechetage *von Gr
noch gelesen.*   1745—54 *größtenteils zerstört (s. S. XXlX), die
ergänzungen nach Gr. (Vgl. vB Beitr. 16, 62.)*   1750 ge-
handelt *von Gr noch gelesen.*   1751 waſ deſ *von Gr noch
gelesen.*   1753 lip *desgl.*   1759 wolti] *B* woltī *S.*

nu lazet mich ewer hulde han!'
Diprecht liez die mu̇se da,
1730 dannen hub er sich sa.
do lief er alle die nacht
wider zu hove mit grozer macht.
er vant den kunic des morgens vru,
mit sinem stricke gie er dazu. | 178c
1735 er clagte vil harte
dem kunege von Reinharte.
er sprach: ‚kunic, ich was in not:
mir wolde Reinhart den tot
vrumen in ewer botschaft,
1740 do beschirmt mich die gotes kraft.
herre, ich unde ewer kapelan
suln niht me nach Reinharte gan.'
den kunick mute die klage,
ouch tet im we sin siechtage.
1745 der zorn im harte na[ ]hen gienc.
den eber er ze vragen gefienc,
daz er im sagte mere,
was sines rechtes drumme were,
daz sine boten her Brun unde Diprecht
1750 sust gehandelt waren an recht.
erzurnet was des ebers mut,
er sprach: ‚ich verteile im ere unde gut
unde zu echte sinen lip,
unde zu einer witwen sin wip
1755 unde zu weisen die kint sin.'
‚des volge ich' sprach Ysengrin.
der kunic vragete alumme
di wisen unde tummen,
ob iz wolde volgen die diet.

1728 ewer: *erster strich des w verklext.* 1745 nah_en]
nach *mit nachgetragenem* ē. 1746 gef.] ᵍᵉenpᶠienc.

1760 Crimel insûn [XIV d] de sich dô niet.
      er sprach: ,kunic edil unde guot,
      obe nû her Brûn sînen huot
      âne mînes neven sculde hât verlorn,
      sô machet er uppigen zorn;
1765 nû hât ouch Diebreht
      vil lîhte unreht:
      er det Reinharte haz.
      darumbe sol nieman daz
      erteilin, daz ist ein ende,
1770 daz iwer êre swende
      odir iwirn hof swache,
      des man anderswâ gelache,
      noh durh neheiner slahte mieten:
      man sol einôst noh gebieten
1775 hervur deme neven mîn.'
            Der kunic sprach: ,daz muostu selbe sîn,
      daz gebûtich dir an dîn lebin.
      obe got wil, dir sol gebin
      dîn neve *daz* botenbrôt.'
1780 in wart zelachen*ne allen* nôt.
      Crimelen des luzil *angist nam*
      sciere huob er sih dan*nán*
      unde suohte sînen suherlinc.
      *nû vernement seltsâniu di*nc
1785 un*de* fre*midiu mâre,*
      *der der Gl*îchezârc
      *iu kunde gît gew*ârlîch!
      *er ist geheizen Heinr*îch,
      *er hât diu buoch gesamen*ôt
1790 *umbe* Îsingrînes nôt.
      swer gi*h*et, daz ez gelogin sî,
      den lât er sîner gebe frî.
            Nû suln wir herwider vân,
      dâ wir die rede hân verlân.
1795 ze Reinhartis burc hô
      vuor Crimel, des wart *vil vrô* . . . .

_____

1767 det < d . . te *mit rasur innen,* te < n?   1775 dēme.
1779 dc *von Gr noch gelesen.*   1780 ze lachenne allen *desgl.*
1781—90 *größtenteils zerstört (s. s. XXIX), doch sind* 1781
Crimelē, 1784 dinc, 1787 gewarlich, 1788 heinrich, 1790 vmbe
von Gr noch gelesen.   1786 der der] der die *Gr.*   1787 gît]
g. vil *Gr.*   1789 diu] *Sch* die *P* daz *Gr.* gesamenôt] *Sch* ge-
dihtôt *GrW.*   1783 līcherlic̄ *oder* ſuherlic̄ *l* (= ſweherlinc *Gr*)
sippelinc *vB.*   1791 gihet *von Gr noch gelesen.*

1760 Crimel insumete sich da niet.
er sprach: ,kunic edel unde gut,
ob er Brun sinen hut
an mines neven schulde hat verlorn,
so machet er uppigen zorn;
1765 nu hat ouch her Diprecht,
herre, vil lichte unrecht:
er ist Reinharte gehaz.
darumme sol ouch niman daz
erteilen, daz ist ein ende,
1770 daz ewer ere schende
unde ewern hof geswachen,
des man anderswa mag lachen,
noch durch deheine mieten,
wen man sal im noch eines gebieten | 178 d
1775 her vur, dem neven min.'
,der bote,' sprach der kunic, ,daz must du
unde gebiete dirs an din leben.   [selbe sin,
ob got wil, dir sol geben
din neve daz botenbrot.'
1780 in wart ze lachen allen not.
Crimele des lutzel angest nam,
vil schire er in den walt quam
unde suchte sinen kulline.
nu vernemet seltzene dinc
1785 unde vremde mere,
der die Glichesere
u kunde geit, wen si sint gewerlich!
[ ] er ist geheizen Heinrich:
der hat die buch zesamene geleit
1790 von Isengrines arbeit.
swer wil, daz iz gelogen si,
den lat er siner gabe vri.
nu sul wir her wider van,
da wir die rede han verlan.
1795 zu Reinhartes burk do
vur Krimel, des wart vil vro

74

der wirt, als er in gesach,
lachende er zu im sprach:
‚willekume neve! du solt mir sagen,
1800 was si zu hove uber mich clagen.'
‚dir drewet vreisliche',
sprach er, ‚der kunic riche:
er horet von dir groze clage:
swi du heute· an disem tage
1805 nicht vurkumest, so rume ditz lant,
oder du hast den tot an der hant!
kumest du aber vur gerichte
zu Isengrines gesichte,
dich verteilet alle die diet.'
1810 er sprach: ‚darumme lazich iz nȋht:
iz enwirt mir nimmer me verwizzen.'
si sazen nider unde enbizzen.

Do der tisch erhaben wart,
zuhant hub sich Reinhart | 179a
1815 vil wunderliche drate
in sine kemenate
unde nam sin hovegewant,
daz allerbeste, daz er darinne vant,
eine wallekappen linin,
1820 ȗnde slof san darin.
her nam eines arztes sack
(nieman euh gezelen mack
Reinhartes kundikeit),
er gienc als der buchsen treit,
1825 beide nelikin und cynemin,
als er solde ein arzet sin:
er trug mange wurtz unerkant.
einen stab nam er an die hant,
ze hove hub er sich balde
1830 mit sinem neven uz dem walde.

1800 Ws. 1801 vreisl.: *das letzte* e *auf rasur, die sich noch etwa 16 buchstaben weit über die zeile erstreckt.* 1810 nȋht. 1822 gez.: g *aus angefangenem z.* 1826 als] L *fehlt P.*

[XVb] *ein crûze macheter v*ur sih:
,der rîche got *beware nû mi*h
vor bôsin lugenârin,
daz si mih niht beswârin!'
1835   Reinhart ze *hove kam,*
*m*anic tier freisam
*sprah albesu*ndir:
,nû mugint *ir sehin wun*dir,
wâ Reinhart hergât,
1840 *der manic tier* gehônit hât!
er ist vroun Hersinde amîs[ ]:
der sie bei*de hienge* ûf ein rîs,
daz solte *nieman clag*in niht:
1844   waz solte *ir der bôsewiht?'*
a   Reinhart gie an den *rinc stân.*
b   der kunic hiez in fur *in gân.*
1845 *die* irzurneten guten kneh*te*
machten ein grôz gebrehte.
dô clagite sêre Îsingrîn,
daz diu *liebe frow*e sîn
wâre gehô*nit. dô sprah d*er capilân:
1850 ,er hât ouch *laster an mi*r begân:

1853 nû lânt *in niht ent*wenkin:
ir suln *in heizen henk*in,
1855 wan er ist *zewâre*
ein verrâtêre.'
Scantic*lêr clagite* sîn kint:
er sprah: ,*kunic, wir* wizzin wol,
unsir rehtir rihtâre: [daz ir *sint*
1860 von *diu ist uns h*arte swâre,
daz ir alsô *lange* lânt stân
disen *morder: ir* suln in heizin hân!'
*dô sprah der r*ape Diezelîn:
,henkint, *hêrre, den neven* mîn!'
1865   Reinhartis liste *wârin* grôz:

1831—1902] *groβenteils zerstört (s. s. XXIX), die Grimm-*
schen ergänzungen z.t. wegen des umfangs der lücken geändert.
1832 nû] *B fehlt Gr.*   1840 der m. t.] *B* Hersint *Gr. Vor*
geh. *ein letzter aufstrich, von* r?   1841] *P* ez .... ein miſt *S*
ez touc newederez ein mist *Gr.*   1844a rinc stân] *W* (lêwe)-
plân *Gr.*   1844b in gân] *W* sih stân *Gr.*   1846 machten ein]
B macheten *Gr.*   1850 laster an mir] *B* mer lasters *Gr*; *der buch-*
stabenrest vor beg. *weist auf* r, *nicht auf* ſ.   1861 also] *B* so *Gr.*

ein cruze machter vur sich,
er sprach: ‚got beware nu mich
vor bosen lugeneren,
daz si mich niht besweren!'
1835　Do Reinhart ze hove quam,
manic tier vreisam
sprach albesundern:
‚nu muget ir sehen wunder,
wa Reinhart hergat,
1840　der manic tier gehonet hat!
er ist vorn Hersantes amis:
der si beide hienge uf ein ris,
daz solde niman clagen niht:
was solde ir der bosewiht?'

1845　di erzurnten knechte
schreiten uf in von rechte.
do clagte sere er Isengrin,
daz im were daz wip sin
gehonet. do sprach der kapelan:
1850　‚er hat ouch mir leide getan!'
Dipreht sprach: ‚herre kunic, sebet, wi er stat,
der euch vil lasters erboten hat!
nu lazet in euch niht entwenken:
ir sult in heizen hengen, ┆ 179b
1855　wend er ist zware
ein verratære!'
Scantecler clagte sin kint:
er sprach: ‚kunic, wir wizzen wol, daz ir sint
unser rechte richtere:
1860　darumb ist vil swere,
daz ir disen morder lazet stan:
man solde in nu erhangen han!'
do sprach der rabe Dycelin:
‚herre, henget den neven min!'
1865　Reinhartes liste waren gros:

1849 gehonet/.

er sprach: ,kunic, [XVc] waz sol dirre dôz?
ih bin an manigen hof kom*en*,
*daz ih sel*tin hân vernomen
*solhe unge*zoginheit!
1870 dês*w̧âr, daz ist mir* vur iuch leit.'
    D*er kunic sprah: ,daz ist* reht.'
    dô verbôt er *ubirbreht.*
    Reinhart sprach: ,ûch inbûte*t den dienest* sîn,
    rîchir kunic, *meister Bendîn,*
1875 ein arzât von Sale*rne,*
    der sâhe iwer êre gerne,
    dárzuo alle, *die dâ sint,*
    *bei*de die altin unde die k*int:*
    geschet iu an dem lîbe iet,
1880 d*az enmugen* sie uberwinden niet.
    Hêrre, ih was ze Salerne
    d*arumbe, daz ih* gerne
    ûch hulfe vo*n dem ubile.*
    *ih si*he wol, daz ûch gru*bile*
1885 *in dem* houbet, swaz ez sî:
    ûch inbûtet meistir Bendîn,

    daz *ir ezzent dise* latewâriâ.'

1890 ,daz le*istih', sprach der kunic* iesâ
    unde liez slîfe*n sinen zorn.*
    Reinhart sprah: ,manic dorn
    hât mih in den fuoz gestochi*n*
    in disen siben wochin,
1895 daz duot m*ir, kunic, harte* wê.
    ûch inbie*tent die arz*âte mê,
    obe ir ien*der mugent* vinden
    einen altin *wolf heizent* scinden,
    ouch muoz*ent ir eines* bern hût hân.'
1900 der *kunic sprach: ,daz* sî der capilân!'
    ,dami*te genesent* ir, hêrre guot.
    û*z* . . . .

1877 dar zu *P* dᵇz v̂ *S.*   1886 ûch inb.] *B* iu enbiutet *Gr,*
vgl. 1873 u. 1896. meiſtin.   1887 ezzet *Gr.*   1897 muget *Gr.*
1898 wolf] w. den *Gr.*   1899 muozint, eins *Gr.*   1901
genesit *Gr.*

er sprach: ‚kunic, was sol dirre doz?
ich bin in mangen hof kumen,
daz ich selden han vernumen
sulche ungezogenheit!
1870 deswar, iz ist mir vur euh leit.'
der kunic sprach: ‚iz ist also.'
uberbrechten verbot man do.
Reinhart sprach: ‚euch enpeutet den dienst sin,
reicher kunich, meister Pendin,
1875 ein artzt von Salerne,
der sehe ewer ere gerne
unde darzu alle, di da sint,
beide di alden unt di kint.
unde geschiht euch an dem libe icht,
1880 daz enmugen si uberwinden niht.
herre, ich was zu Salerne
darumme, daz ich gerne
euh hulfe von disen sichtagen.
ich weiz wol, daz allez ewer clagen
1885 in dem houbet ist, swaz iz muge sin:
euch enpeutet meister Bendin,
daz ir euh niht sult vergezzen,
irn sult tegliche ezzen
dirre lactewerien, di er euh hat gesant.'
1890 ‚daz leistich' sprach der kunic zehant
unde liez slifen sinen zorn.
Reinhart sprach: ‚vil manic dorn
hat mich in den fuz gestochen
in disen siben wochen, | 179c
1895 daz tut mir, kunic, harte we.
euch enpeutet der arzet me,
ob ir einen alden wolf muget vinden,
den sult ir heizen schinden,
ouch muzet ir eines bern hut han.'
1900 der kunic sprach: ‚daz si der kapelan!'
‚damite genezet ir, herre gut.
uz einer katzen einen hut

1869 ungez.: *das zweite g aus h-ansatz?*   1874 kunich/.
1888 Izn. *Vor ezzen durchstrichenes ezzen.*

muzet ir han ze aller not,
oder iz were, weiz got, ewer tot.'
1905   Der kunic hiez do hervur gan
Ysingrinen unde sinen kapelan.
er sprach: ‚ir sult mir ewere heute geben,
daz beschulde ich wider euh, di wile ich leben,
umb ewer geslehte ze aller stunt.
1910 meister Reinhart hat mir getan wol kunt
den sichtagen, der mir ze aller ᶻit
in minem houbete leider lit.'
‚genade, herre!‘ sprach der kapelan,
‚was wunders wolt ir anegan?
1915 den ir hat vur einen arzat,
vil mangern er getotet hat,
weiz got, denne geheilet,
unde ist vor euh verteilet.'
do sprach zu im her Ysengrin:
1920 ‚sol mir alsus gerichtet sin
umme min wip, daz ist ein not!'
sinen zagelstrumph er herfur bot:
‚sehet, wi mich ewer arzat
hinderwert geunert hat:
1925 ouch mag euch wol ergan so.'
vil gerne weren dannen do
her Brun unde Ysingrin,
des enmocht doch niht sin.
sinen konden niht entwichen:
1930 der kunic hiez si begrifen
vil mangen sinen starken kneht.
man schinte si, ouch wart Diprecht
beschindet also harte.
daz quam von Reinharte. | 179 d
1935 der sprach: ‚ditz ist wol getan.
ein versoten hun sul wir han

1902 uz] V < 0 (*ouz*).   1916 mangen.   1919 zu] iz.
1925 wol *eingeschoben*.   1927 Brun ✕.   1932 si/.

mit gutem specke eberin.'
der kunic sprach: ‚daz sol vor Pinte sin!'
der kunic hiez hervur stan
1940 Scanteclern, er sprach: ‚ich muz han
zu einer arztie din wip.'
‚neina, herre, si ist mir als min lip:
ezzet mich unde lazet si genesen!'
Reinhart sprach: ‚des mag niht wesen.'
1945 der kunic hiez Pinten vahen,
Scantecler begonde dannen gahen.
do dise rede ergienc also,
uz sime dihe sneit man do
dem eber ein stucke harte groz.
1950 der arztie in bedroz.
‚einen hirzinen rimen sul wir han.'
der kunic hiez her fur sich stan
den hirz unde sprach: ‚Randolt,
einen gurtel du mir geben solt,
1955 daz beschulde ich immer wider dich.'
‚herre, des erlazet mich',
sprach der hirz, ‚durch got!
iz mac wol sin der werlde spot,
daz ir dem volget hie,
1960 der nie treuwe begie:
der teufel in geleret hat,
daz er sol sin ein arzat.'
   Der kunic sprach: ‚Randolt,
ich was dir ie uzer maze holt:
1965 sterbe ich nu von den schulden din,
daz mocht dir immer leit sin.'
er getorste dem kunige niht verzihen,
ern muste im einen rimen lihen
von der nasen untz an den zagel:
1970 Reinhart was ir aller hagel.
Reinhart sprach, der wunder kan:

1940 Scanteclern/. 1942 si: s *korr.* 1965 ich: ch *korr.*
1967 niht v. *auf rasur, die dann noch sechs buchstaben weit
über das zeilenende reicht.* 1970 hagel: l *auf rasur, von* n?

,kunic, werestu ein armman,
sonen konde ich niht gehelfen dir:
von gotes genaden so habe wir, | 180a
1975 damite du wol macht genesen,
wilt du mir nu gehorick wesen.'
,ja', sprach der kunic, ,meister min,
swi du mich heizest, also wil ich sin.'
Reinhart konde mangen don:
1980 ,von dir wil [ ] kein lon
min meister Bendin,
wen eines bibers hut.' ,daz sal sin',
sprach der kunic riche,
,die sende ich ime werliche.'
1985 er hiez den biber vur sich stan:
do muste er die hut lan.
manic tier daz gesach,
iglichez zu dem andern sprach:
,waz wol wir hie gewinnen?
1990 wir suln uns heben hinnen,
e wir verlisen die vele!'
do hub sich manic tier snelle,
der hof zusleif sa.
Crimel bleib da
1995 unde die olbente von Tuschelan:
die hiez der arzat da bestan;
alsam teter den elfant,
der daz gute urteil vant.
  Der kunic harte riche
2000 der bleib da heimliche;
si vuren alle dannen swinde,
da bleib sin ingesinde.
Reinhart den kunic bat,
daz er im hieze tragen bat.
2005 zehant der kunic daz gebot:
dem lewarte was harte not:

1973 konde: o < v?   1980 kein] (Sch) ich kein P sich-
einen Gr.   2004 /bat/.

iz ist war, daz ich euh sagen,
daz bat wart schire getragen.
iz wart gewermet zu rechte,
2010 daz vrumeten gute knechte,
als iz meister Reinhart gebot:
in were leit irs herren tot.
in daz bat leiter wurze gnuc,
do sazte er im uf den katzhut, | 180b
2015 deme kunege mit witzen,
in daz bat hiez er in do sitzen.
meister Reinhart, der arzat,
greif ein adern, di zu dem herzen gat:
er sprach: ‚kunic, ir sit genesen
2020 unde muget nu wol vro wesen:
euch was vil nahen der tot,
nu hilfet eu min kunst user not:
get uz!' sprach der arzat,
‚ir habt gebat, daz iz wol stat:
2025 langez bat tut den siechen weich:
ir sit ein lutzel worden bleich.'
   Der kunic sprach, wen er siech was,
als ein man, der gerne genas:
‚din gebot ich gerne ervullen sol.'
2030 do hater im gebettet wol
uf sines kapelanes hut,
der im davor was vil trut;
den kunic dackter vil warme
(daz yz got erbarme!)
2035 mit einer hůte, di trug Isengrin,
die verlos er an die schulde sin.
Reinhart sich kundikeite vleiz:
umme daz houbet machter dem kunige heiz.
der ameyze des geware wart:
2040 uz dem houbete teter eine vart:
do kroch er rechte, deswar,

2007 sageñ, *der strich nachgetragen.* 2008 dar getr. *Gr.*
2012 *Vor* tot *durchstrichenes* not. 2024 iz < ir. 2030
Hinter gebettet *rasur von etwa zwei buchstaben.* 2038 dē.

vur sich in daz katzenhar.
der meister do den hut nam,
mit im er an di sunnen quam,
2045 die liez er schinen darin.
daz wart im ein groz gewin:
den ameyzen er gesach,
zorniclichen er zu im sprach:
,ameyz, du bist tot:
2050 du hast bracht zu grozer not
minen herren: dîn leben
must du darumme geben.'
der ameyze zu Reinharte sprach:
,iz tet mir not, wen er mir zubrach | 180c
2055 eine gute burck, der kunic her:
da geschach mir an michel ser,
daz *ich* nimmer mag verclagen:
miner mage lag da vil erslagen,
darumme han ich ditz getan.
2060 wilt du mich genesen lan,
ich laze dich in d[ ]eme walde min
uber tusent burge gewaltic sin.'
Reinhart da gute sune vant:
den gevangen liez er zehant.
2065 des wart der ameyze harte vro,
zu walde hub er sich do:
heter die miete niht gegeben,
so muster verlorn han daz leben.
sust geschiht ouh alle tag:
2070 swer die miete gegeben mag,
daz er damite verendet
me, danne der sich wendet
zu ervullende herren gebot
mit dinest: daz erbarme got!
2075 Reinhart do dar wider gie,
do er sinen siechen lie.

Dem kunige greif er an di stirnen,
er sprach: ,wie tut eu nu daz hirne?'
,wol meister, daz euh got lonen sol:
2080 ir hat mir gearztiet wol.'
er sprach: ,wir suln iz ouch noch baz tun:
weiz iman noch, ob daz hun
mit petersilien versoten si?'
ein truchsese stunt dabi,
2085 der sprach: ,ja, daz wil ich eu sagen.'
,nu heizet mir hervur tragen!'
daz wart vil schire getan.
do hiez er inbizen gan,
Reinhart, den herren sin
2090 unde hiez in soufen daz sodelin.
der arzat des niht vergaz,
vern Pinten er da selbe az;
Reinhart, der ungetrewe slec,
Crimele gab er do den ebers spec. | 180d
2095 den kunic hiez er ufstan
unde eine wile sich ergan.
Reinhart, der lutzel trewen hat,
den kunic do genote bat
umme sinen vreunt, den helfant,
2100 daz er im lihe ein lant.
Der kunic sprach: ,daz si getan:
Beheim sol er han.'
des wart der helfant vil vro.
der kunic hiez in do
2105 *den van* enphahen, als iz was recht.
do hub sich der gute knecht.
er quam dar als ein armman,
vursten amecht er da gewan.
der helfant reit in sin lant,
2110 dar in der kunic hatte gesant,
unde kundete vremde mere,

2082 ob *eingeschoben.*   2083 si < sin.   2086 *Vor* tragen
radiertes sag.   2094 spec: *Zeichen* (h? k?) *über* c.   2102
er han: h *zwischengefügt.*   2105 den v.] (*Sch*) Beheim *W*
(*reim* [*d*]*en van: envan*).

daz er *ir* herre were.
vil harte er zublowen wart,
ouch gerowen di widervart:
2115 mochten si in getan han wunt,
ern wurdes nimmer mer gesunt.
do Reinhart den helfant
gesatzet hatte uber sin lant,
dannoch endoucht in der schalkeit gnuc niht:
2120 den kunic er genôte biten geriet
umme die olbente, sine urteilerin:
er sprach: ,si sol geniezen min:
lat si zem Erste*in* ebtessinne wesen,
so sit ir an der sele genesen:
2125 da ist vil geistlich gebet.'
der kunic harte gerne iz tet:
er lech iz ir mit der zeswen hant.
groze gnade si do vant:
si wante sin gewisliche
2130 ein ebtissinne riche.
do nam si urloub da,
si hub sich dannen sa.
geilliche si uber den hof spranc,
si weste Reinharte danc | 181a
2135 der vil grozen richeit.
(des quam si sint in arbeit.)
alsi in daz kloster quam,
swelech ir di mere vernam,
der quam ilende dar.
2140 si namen *ir* vil genote war
unde vragten, wer si were.
si sprach: ,ich sol eu mere
kundigen gewerliche:
mir hat der kunic riche
2145 disen gewalt verlihen, daz er si min:
ich sol hie ebtissin sin.'

2112 ir] *W fehlt P* (*vgl. 1392. 1654*). 2123 Erstein]
ersten. 2132 sa/. 2136 si < sich. 2140 ir] *Sch fehlt P.*

die nunnen hatten daz verzorn,
des was di olbente nach verlorn;
do' schreiten die closterwip,
2150 des wart der ebtissin lip
zubluen untz an den tot:
mit griffeln taten si ir groze not,
daz wart an ir hûte schin;
die nunnen jagten si in den Rin.
2155 alsus lonet ir Reinhart,
daz ſi sin vorspreche wart.
    Iz ist ouch noch also getan:
swer hilfet einem ungetrewen man,
daz er sine not uberwindet,
2160 daz er doch an im vindet
valschs: des han wir gnuc gesehen
unde muz ouch dicke alsam geschen.
alsust hat bewart
sine urteilere Reinhart.
2165 der arzet was mit valsche da,
den kunic verriet er sa:
er konde mangen ubelen wanc.
er sprach: ,herre ich wil eu geben einen tranc,
so sit ir zehant genesen.'
2170 der kunic sprach: ,daz sol wesen!'
do brou er des kuniges tot.
Reinhart waz ubele unde rot,
daz teter da vil wol schin:
er vergab dem herren sin. | 181 b
2175 daz sol niman clagen harte:
waz wanter han an Reinharte?
iz ist noch schade, wizze krist,
daz manic loser werder ist
ze hove, danne si ein man,
2180 der nie valsches began.
swelch herre den volget ane not

---

unde teten si deme den tot,
daz weren gute mere:
boese lugenere
2185 di dringen leider allez vur,
di getrewen blibent vor der tur.
    Do dem kunige der tranc wart,
dannen hub sich Reinhart
unde jach, er wolde nach wurzen gan.
2190 (ern hatte da niht anders getan,
wen daz er ouch anderswa begienc.)
Crimelen er bi der hant gevienc,
der was sin trut kullinc,
er sprach: ‚ich wil dir sagen ein dinc:
2195 der kunic mag niht genesen,
wir sullen hi niht lenger wesen.'
do huben si sich dannen balde
mit einander *zu* dem walde.
Reinhart gesach ane hut da gan
2200 hern Brun, den kapelan.
    Nu vernemet, wi er sprach,
do er in erst anesach:
‚saget, edeler schribere,
was di hut ze swere,
2205 daz ich si ůch niht sehe tragen?
ich wil euch werliche sagen:
mich dunket an den sinnen min,
sult ir zu winter imannes vorspreche sin,
der můz eu einen bellitz lihen:
2210 ern mag iz eu niht verzihen,
wan des durfet ir zu vrumen:
owe, wer hat euh euwer[ ] hut genumen?'
her Brun vor zorne nĭht ensprach:
ungerne er Reinhart*en* sach, | 181c
2215 sin widermut was grozlich,
mit grimme grein er umb sich.

2198 zu] *vB* uz *P.*   2212 euwern. genvm̄.   2213 her:
Rasur r < n?   2214 Reinharte.

Reinhart liez hern Brunen da,
zu siner burck hub er sich sa.
    Dem kunige harte we wart:
2220 er sprach: ‚wa ist meister Reinhart?
heizet in balde her gan!
mich wil ich enweiz waz ubeles bestan,
iz ist mir zu dem herzen geslagen:
er kan ez dannen wol gejagen
2225 mit guten wurzen, di er hat:
er ist ein erwelter arzat.'
den meister suchte man do,
des wart der kunic vil unvro:
man sagt im leide mere,
2230 daz er hinweck were.
    Der kunic weinende sprach:
‚daz ich Reinharten ie gesach,
des han ich verlorn min leben!
owe, er hat mir gift gegeben
2235 ane schulde: ich hat ime niht getan.
minen edelen kapelan
hiez ich schinden durch sinen rat:
swer sich an den ungetrewen lat,
dem wirt iz leit, des muz ich jehen:
2240 alsam ist ouch nu mir geschehen.'
er kerte sich zu der wende,
do nam der kunic sin ende:
sin houbet im endreu spielt,
inneune sich sin zunge vielt.
2245 si weinten alle durch not
umbe des edelen kuniges tot,
si dreweten alle harte
dem guoten Reinharte.

[2248a ditz si gelogen oder war,
    b got gebe uns wunecliche jar!]

2233 min *über* daz. 2248 guoten] *P* roten *Sch.*

*H*ie endet ditz mere.
2250 daz hat der Glichesere
her Heinrich getichtet
unde lie die rime ungerichtet: | 181b
die richte sider ein ander man,
der ouch ein teil getichtes kan
2255 unde hat daz ouch also getan,
daz er daz mere hat verlan
gantz rechte, als iz ouch was e.
an sumeliche[ ] rime sprach er me,
danne e dran were gesprochen,
2260 ouch hat er abegebrochen
ein teil, da der worte was zu vil.
swer im nu des lonen wil,
der bite im got geben,
di wile er lebe, ein vrolich leben
2265 unde daz er im die sele sende,
da si vreude habe an ende. AMEN.

2249 Hie] DIe.   2258 sumelicher.

Inhalt.

www.ingramcontent.com/pod-product-compliance
Lightning Source LLC
Chambersburg PA
CBHW050128030726
47505CB00007B/2090